Takeshi Kubota
Sophie Kubota
Illustrations de **Laurent Masson**

HAKUSUISHA

音声ダウンロード

この教科書の音源は、白水社ホームページ

http://www.hakusuisha.co.jp/download/

からダウンロードすることができます（お問い合わせ先：text@hakusuisha.co.jp）。

表紙・本文イラスト ： Laurent Masson
装丁 ： mg-okada
本文デザイン・組版 ： 九鬼浩子（株式会社スタジオプレス）
ナレーション ： Sophie Kubota, Cédric Riveau

はじめに

本書は、初めてフランス語を学習する人のために作られた教科書です。

各課の最初のページでは、日本人学生の Miki とフランス人学生の Julien とのやりとりを描いたバンド・デシネ（漫画）を通して、ごく自然な会話表現が学べるとともに、フランスの若者の日常生活や街並みにふれることができます。漫画は「魔法」です。一瞬にして、すべてをよりクリアに、より楽しく、またより記憶しやすいものにしてくれます。

漫画に続くページでは、外国語学習において重要である4技能（「聞く」「話す」「読む」「書く」）を着実に身につけることができるよう、さまざまな練習問題がバランスよく配置されています。各課に出てくる単語は、日常生活で頻出する基本語彙から厳選された、役に立つものばかりです。巻末には文法事項のまとめも掲載されているので、コミュニケーション重視の授業であれ、文法重視の授業であれ、先生方のアレンジ次第で自由自在に授業を進めることができるでしょう。

このように本書は、漫画とともに楽しみつつも、効率よくフランス語を学べるようにも工夫されており、まさに「カンペキ！ C'est parfait !」だと言えるのではないでしょうか。異なる言語を学ぶことは、世界についての考え方をもう一つ手に入れることでもあります。この教科書でフランス語を学べば、そんな新たな力を手に入れることができます。

本書が実りある学習を実現するための一助になることを願っております。

2022 年秋　著者一同

Ce manuel scolaire s'adresse aux étudiants qui débutent l'apprentissage du français.

À la première page de chaque leçon, on découvre, grâce à la Bande Dessinée (Manga), des scènes de la vie quotidienne française avec les personnages de Miki, une étudiante japonaise, et de Julien, un étudiant français. On apprend ainsi des expressions naturelles employées par les Français tous les jours. La Bande Dessinée, c'est magique ! Tout devient instantanément plus clair, plus amusant et donc plus facile à mémoriser quand c'est en Bande Dessinée.

Dans les pages qui suivent le Manga, on s'entraîne, à l'aide d'exercices, à maîtriser les quatre aptitudes nécessaires à l'apprentissage d'une langue étrangère, à savoir écouter, parler, lire et écrire. Le vocabulaire de chaque leçon reprend les mots les plus utilisés afin d'être le plus efficace possible. De plus, les points grammaticaux importants sont repris à la fin de l'ouvrage, pour que le professeur puisse s'approprier ce manuel et choisir l'approche qui lui convient le mieux : communicative, grammaticale, etc.

Un tel manuel, qui permet d'apprendre tout en s'amusant à lire un Manga, « c'est parfait », non ? Apprendre une autre langue, c'est apprendre une autre façon de penser et donc une autre façon de penser le monde. En apprenant le français avec ce manuel, on acquiert ce nouveau pouvoir !

Nous espérons que cet ouvrage vous aidera à réaliser un apprentissage fructueux !

Automne 2022, les auteurs

目　次

アルファベ alphabet 〔02〕

A [ɑ]	B [be]	C [se]	D [de]
E [ə]	F [ɛf]	G [ʒɛ]	H [aʃ]
I [i]	J [ʒi]	K [kɑ]	L [ɛl]	M [ɛm]	N [ɛn]
O [o]	P [pe]	Q [ky]	R [ɛːr]	S [ɛs]	T [te]
U [y]	V [ve]	W [dublǝve]	X [iks]
Y [igrɛk]	Z [zɛd]		

次のフランス語を発音してみましょう。Prononcez les mots suivants. 〔03〕

BD   PC   CV   DVD   TGV   RER

つづり字記号 signes orthographiques 〔04〕

é	アクサン・テギュ accent aigu	café étude
à è ù	アクサン・グラーヴ accent grave	là crème où
â ê î ô û	アクサン・スィルコンフレクス accent circonflexe	hôpital forêt
ë ï ü	トレマ tréma	Noël Taïwan
ç	セディーユ cédille	garçon ça
'	アポストロフ apostrophe	l'école l'hôtel
-	トレ・デュニオン trait d'union	après-midi grand-père

数 nombres (0 ～ 10) 〔05〕

0 zéro	1 un	2 deux	3 trois	4 quatre	5 cinq
	6 six	7 sept	8 huit	9 neuf	10 dix

フランス語のあいさつ **salutations** 🔊06

会ったとき

Bonjour. こんにちは。／おはよう。　**Salut.** （親しい人に）やあ。

Bonsoir. こんばんは。　**Ça va ? – Ça va.** 元気？－元気だよ。

別れるとき

Au revoir. さようなら。　**Salut.** （親しい人に）じゃあね。

Bonne nuit. おやすみ。　**À demain.** また明日。

À bientôt. また近いうちに。　**À tout à l'heure.** またあとで。

呼びかけ

S'il vous plaît. / S'il te plaît. どうぞ。お願いします。すみませんが。

Pardon. すみません。　**Allô.** （電話で）もしもし。

お礼のやりとり

Merci (beaucoup). ありがとう。　**De rien.** （親しい人に）どういたしまして。

Je vous en prie. / Je t'en prie. どういたしまして。

返答

Oui. / Non. はい。／いいえ。　**D'accord.** 了解です。

Bien sûr. もちろんです。　**Non merci.** 結構です。

Je suis désolé(e). / Désolé(e). ごめんなさい。申し訳ないです。

発音上のきまり prononciation （1） (07)

1 Paris [pari]　　ballet [balɛ]　　grand [grɑ̃]

　　　　　　　　　　　　　　　　　　　語末の子音字はたいてい発音されない。

　　parc [park]　　chef [ʃɛf]　　journal [ʒurnal]　　noir [nwaːr]

　　　　　　　　　　　　　　　ただし、語末の c, f, l, r は発音されることが多い。

2 France [frɑ̃s]　　Marie [mari]　　table [tabl]

　　　　　　　　　　　　　　　　　　　語末の e はつねに発音されない。

　　objet [ɔbʒɛ]　　aimer [eme]　　nez [ne]

　　　　　　　　　　　ただし、語末の〈e ＋子音字〉は、[e / ɛ] と発音される。

3 menu [məny]　　leçon [ləsɔ̃]　　atelier [atəlje]

　　　　　　　　　　　　　　音節の終わりの e は、ふつう軽く [ə] と発音される。

4 avec [avɛk]　　merci [mɛrsi]　　père [pɛːr]　　crêpe [krɛp]

　　同じ音節中で発音される子音字の前の e、および、つづり字記号がついた e は、[e / ɛ] と発音される。

5 hôpital [ɔpital]　　thé [te]　　chocolat [ʃɔkɔla]　　téléphone [telefɔn]

　　　　　　　h はつねに発音されない。ただし ch は [ʃ]、ph は [f] と発音される。

発音上のきまり prononciation （2） (08)

1　u, û　　　　　　[y]　　truffe [tryf]　　flûte [flyt]

2　ai, ei　　　　　[ɛ]　　Seine [sɛn]　　maison [mɛzɔ̃]

3　o, ô, au, eau　[ɔ / o]　⎰ Paul [pɔl]　　　potage [pɔtaʒ]
　　　　　　　　　　　　　　　⎱ eau [o]　　　　hôtel [otɛl]　　bateau [bato]

4　eu, œu　　　　[ø / œ]　bleu [blø]　　fleur [flœr]　　sœur [sœr]

5　ou, où, oû　　[u]　　soupe [sup]　　où [u]　　goût [gu]

6　oi　　　　　　[wa]　　étoile [etwal]　　croissant [krwasɑ̃]

7	an, am, en, em	[ã]	lampe [lãp]	enfant [ãfã]	
			piment [pimã]	ensemble [ãsãbl]	
8	in, im, ain, aim, ein, eim, yn, ym	[ɛ̃]	pain [pɛ̃]	faim [fɛ̃]	dessin [desɛ̃]
			américain [amerikɛ̃]	sympa [sɛ̃pa]	
9	on, om	[ɔ̃]	Japon [ʒapɔ̃]	nombre [nɔ̃br]	
10	un, um	[œ̃]	lundi [lœ̃di]	parfum [parfœ̃]	
11	ien	[jɛ̃]	Parisien [parizjɛ̃]	bien [bjɛ̃]	
12	母音字 + il, ill	[j]	travail [travaj]	ratatouille [ratatuj]	

発音上のきまり prononciation （3）　🎧09

1 リエゾン liaison

les‿enfants ／ nous‿avons ／ grand‿arbre ／ mon‿ami

発音されない語末の子音字を、その直後にくる語頭の母音字とつなげて発音する。

2 アンシェヌマン enchaînement

Elle‿a ／ avec‿elle ／ une‿amie

発音される語末の子音字を、その直後にくる語頭の母音字とつなげて発音する。

3 エリジョン élision

Ce + est → C'est ／ je + aime → j'aime ／ le + ami → l'ami

ce, de, je, me, le, la, ne, que, se, te などの語は、次に母音字で始まる語がくると、
それぞれ c', d', j', m', l', n', qu', s', t' などになる。

次のフランス語を発音しましょう。 Prononcez les mots suivants.　🎧10

café au lait	pot au feu	camembert
crayon	gourmet	restaurant
coup d'État	gratin	foie gras

Tu es français ?

Bonjour !

Salut !

Je m'appelle* Julien.

Moi, c'est Miki.

Tu es français ?

Oui, je suis français.

Et toi ?

Moi, je suis japonaise.

Salut! À bientôt !

Au revoir, Julien !

*Je m'appelle ～.　私の名前は～です。

Méli-mélo

Manga を見ながら、出てくる順にフランス語（A 〜 F）を選び、それに対応する日本語（a 〜 f）を線で結びましょう。Mettez les expressions suivantes dans l'ordre du Manga, puis reliez-les à la traduction japonaise correspondante.

1. •	• A. Tu es français ?	• • a. また近いうちに。
2. •	• B. Je suis français.	• • b. 私はミキです。
3. •	• C. Moi, c'est Miki.	• • c. 僕はフランス人です。
4. •	• D. À bientôt !	• • d. あなたはフランス人ですか？
5. •	• E. Je suis japonaise.	• • e. 僕の名前はジュリアンです。
6. •	• F. Je m'appelle Julien.	• • f. 私は日本人です。

Vrai ou faux ?

Manga の内容について、正しければ vrai を、まちがっていれば faux を選びましょう。

Entourez vrai ou faux, suivant le Manga.

1. 彼の名前はジュリアンである。 vrai / faux
2. 彼はイギリス人である。 vrai / faux
3. 彼女の名前はサエコである。 vrai / faux
4. 彼女は日本人である。 vrai / faux

Essayons ! (12)

以下の表現を使って、会話を完成させましょう。

Complétez le dialogue avec les expressions suivantes.

[je suis / français / française / Bonjour]

A : Bonjour, Madame Sato.

B : _____ , Léo.

A : Vous êtes _____ ?

B : Non, _____ japonaise. Et vous ?

A : Moi, je suis _____ .

Mémo

je suis 〜　　私は〜です　　　　　　　　tu es 〜　　あなた（きみ）は〜です

vous êtes 〜　　あなたは〜です

tu はごく親しい相手に使われ、目上の人や初対面の人などあまり親しくない人には vous が使われる。

Vocabulaire - Expressions 🔊 13

国籍		曜日		あいさつ	
français(*e*)	フランス人	lundi	月曜日	Comment ça va ?	お元気ですか？
japonais(*e*)	日本人	mardi	火曜日	– Ça va (très) bien.	はい、（とても）元気です。
coréen(*ne*)	韓国人	mercredi	水曜日	Comment vas-tu ? / Comment allez-vous ?	
chinois(*e*)	中国人	jeudi	木曜日		お元気ですか？
anglais(*e*)	イギリス人	vendredi	金曜日	– Je vais (très) bien.	はい、（とても）元気です。
américain(*e*)	アメリカ人	samedi	土曜日	Et toi ? / Et vous ?	あなたは？
allemand(*e*)	ドイツ人	dimanche	日曜日	– Moi, je...	私は……
italien(*ne*)	イタリア人			monsieur ～	～さん（男性）
espagnol(*e*)	スペイン人			madame ～	～さん（女性）

À nous de jouer !

① ペアを組んで、Manga の会話をまねてみましょう。
Par groupes de deux, imitez la conversation du Manga.

② ペアを組んで、以下のようなやりとりをしてみましょう。
Par groupes de deux, inspirez-vous des questions suivantes et répondez-y ensemble.

Tu t'appelles [名前]**?**　　　　– Oui / Non,......................

Tu es [国籍]**?**　　　　　　　– Oui / Non,......................

Vous êtes [国籍]**?**　　　　　– Oui / Non,......................

Parlons !

例にならってフランス語で話しましょう。 Parlez en français suivant le modèle.

ex.	1.	2.	3.
Julien français	Miki japonaise	Marco italien	Amy américaine

ex. **C'est qui ?**　　　　　– **Il s'appelle Julien. Il est français.**

Écrivons !

① 例にならってフランス語で書きましょう。Rédigez en français suivant le modèle.

ex. [français / chinois]　**Je ne suis pas *français*. Je suis *chinois*.**

1. [coréen / allemand]　Tu_____. Tu_____.
2. [italien / japonais]　Elle_____. Elle_____.
3. [américain / anglais]　Il_____. Il_____.
4. [français / japonais]　Miki_____. Elle_____.

② 例にならって適切な曜日を書きましょう。Retrouvez le jour suivant les modèles.

ex. 1　**Avant samedi, c'est vendredi.**

ex. 2　**Après samedi, c'est dimanche.**

1. Avant jeudi, c'est _____
2. Après mercredi, c'est _____
3. Avant mercredi, c'est _____
4. Après dimanche, c'est _____　　avant 〜：〜の前／après 〜：〜の後

Écoutons !　⌢14

音声をよく聞いて下線部を埋めましょう。Écoutez et complétez les phrases.

Bonjour, _____ Taro.

– Salut, _____ Julie. _____ japonais ?

Oui, _____ japonais. _____ ?

– _____ française.

Mémo

Je m'appelle 〜. 私の名前は〜です。　　　　　Tu t'appelles 〜. きみの名前は〜です。
Il (Elle) s'appelle 〜. 彼（彼女）の名前は〜です。

Leçon 2

J'habite à Lyon.

J'habite à Lyon. Je suis étudiant.

Et toi?

J'habite à Kyoto.

Moi aussi, je suis étudiante.

Tu parles bien français !

Tu étudies le français à la fac*?

Oui, c'est ça.

Est-ce que tu aimes le français ?

Oui bien sûr, j'aime beaucoup le français !

C'est parfait !

*à la fac （話）大学で

Méli-mélo

Manga を見ながら、出てくる順にフランス語（A～F）を選び、それに対応する日本語（a ～f）を線で結びましょう。Mettez les expressions suivantes dans l'ordre du Manga, puis reliez-les à la traduction japonaise correspondante.

1. •   • A. Tu étudies le français à la fac ?   •   • a. 僕は学生です。
2. •   • B. Tu parles bien français !   •   • b. 私も学生です。
3. •   • C. J'habite à Lyon.   •   • c. フランス語が好きですか？
4. •   • D. Est-ce que tu aimes le français ?   •   • d. 大学でフランス語を勉強してるの？
5. •   • E. Moi aussi, je suis étudiante.   •   • e. 僕はリヨンに住んでいます。
6. •   • F. Je suis étudiant.   •   • f. フランス語が上手ですね。

Vrai ou faux ?

Manga の内容について、正しければ vrai を、まちがっていれば faux を選びましょう。
Entourez vrai ou faux, suivant le Manga.

1. ジュリアンはリヨンに住んでいる。   vrai / faux
2. 彼は先生である。   vrai / faux
3. ミキは大学で英語を勉強している。   vrai / faux
4. 彼女はフランス語が大好きだ。   vrai / faux

Essayons ! 🎧16

以下の表現を下線部に入れて応答文を完成させましょう。
Complétez le dialogue avec les expressions suivantes.

[aimes / étudie le japonais / parles / habites à]

A : Tu ＿＿＿＿＿＿ bien japonais !

    Tu ＿＿＿＿＿＿ Osaka ?

B : Oui, c'est ça. J' ＿＿＿＿＿＿＿＿＿＿＿ à la fac.

A : Est-ce que tu ＿＿＿＿＿＿ Osaka ?

B : Oui, bien sûr.

Mémo

habiter 住む   parler 話す   étudier 勉強する   aimer 好きである、愛する

Vocabulaire - Expressions ⟨17⟩

言語		国名		（国名）に / で	
le français	フランス語	la France	フランス	en France	フランスに / で
le japonais	日本語	le Japon	日本	au Japon	日本に / で
le coréen	韓国語	la Corée du Sud	韓国	en Corée du Sud	韓国に / で
le chinois	中国語	la Chine	中国	en Chine	中国に / で
l'anglais	英語	l'Angleterre	イギリス	en Angleterre	イギリスに / で
		les États-Unis	アメリカ	aux États-Unis	アメリカに / で
l'allemand	ドイツ語	l'Allemagne	ドイツ	en Allemagne	ドイツに / で
l'italien	イタリア語	l'Italie	イタリア	en Italie	イタリアに / で
l'espagnol	スペイン語	l'Espagne	スペイン	en Espagne	スペインに / で

À nous de jouer !

❶ ペアを組んで、Manga の会話をまねてみましょう。
Par groupes de deux, imitez la conversation du Manga.

❷ ペアを組んで、以下のようなやりとりをしてみましょう。
Par groupes de deux, inspirez-vous des questions suivantes et répondez-y ensemble.

Est-ce que tu parles ［ 言語 ］**?**　　　**– Oui / Non,.....................**

Est-ce que tu aimes ［ 言語 ］**?**　　　**– Oui / Non,.....................**

Est-ce que tu aimes ［ 国名 ］**?**　　　**– Oui / Non,.....................**

Parlons !

例にならってフランス語で話しましょう。Parlez en français suivant le modèle.

ex.	1.	2.	3.
Julien étudiant Lyon	Midori professeur Tokyo	Paul et John amis Londres	Lucie et Anaïs étudiantes Paris

ex. **Est-ce que Julien est étudiant ?**

　　– Oui, il est étudiant. Il habite à Lyon.

Écrivons !

1 例にならってフランス語で書きましょう。Rédigez en français suivant le modèle.

ex. On parle *le français* en France.

1 On parle _____ en Angleterre.

2 On parle _____ au Japon.

3 On parle _____ en Italie.

4 On parle _____ aux États-Unis.

2 例にならってフランス語で書きましょう。Rédigez en français suivant le modèle.

ex. 1 **Tu travailles où ?** [Japon]   → **– Je travaille *au Japon*.**

1. Tu voyages où ? [Allemagne]   → – _____.

2. Elle étudie où ? [Italie]   → – _____.

3. Ils arrivent où ? [États-Unis]   → – _____.

4. Vous habitez où ? [Corée du Sud]   → – _____.

5. Il enseigne le coréen où ? [Chine]   → – _____.

6. Tu étudies l'anglais où ? [Espagne]   → – _____.

Écoutons ! ⏺18

音声をよく聞いて下線部を埋めましょう。Écoutez et complétez les phrases.

_____ étudiante ?

– Oui, _____ étudiante. J'étudie le français à Paris.

_____ le français. Est-ce que _____ la France ?

– Oui, bien sûr. _____ la France.

Mémo

travailler 働く、勉強する	voyager 旅行する
arriver 到着する	enseigner 教える

C'est une appli géniale !

Miki

Ça, tu connais ? *

Qu'est-ce que c'est ?

C'est « Nous parlons français ».

C'est une appli géniale !

Ce sont des exercices de français.

Ah bon, c'est intéressant ?

Oui, en plus, c'est gratuit.

Merci. C'est gentil !

Je t'en prie !

*Ça, tu connais ? これ知っている？

Méli-mélo

Manga を見ながら、出てくる順にフランス語（A 〜 F）を選び、それに対応する日本語（a 〜 f）を線で結びましょう。 Mettez les expressions suivantes dans l'ordre du Manga, puis reliez-les à la traduction japonaise correspondante.

1. •   • A. Je t'en prie !   •   • a. これはすばらしいアプリです。

2. •   • B. Qu'est-ce que c'est ?   •   • b. はい、しかも無料ですよ。

3. •   • C. Ah bon, c'est intéressant ?   •   • c. どういたしまして。

4. •   • D. Merci. C'est gentil !   •   • d. ああそう、それは面白い？

5. •   • E. C'est une appli géniale.   •   • e. 親切にありがとう。

6. •   • F. Oui, en plus, c'est gratuit.   •   • f. それは何ですか？

Vrai ou faux ?

Manga の内容について、正しければ vrai を、まちがっていれば faux を選びましょう。
Entourez vrai ou faux, suivant le Manga.

1. ジュリアンはすばらしいアプリを知っている。   vrai / faux

2. ミキもそのアプリを知っていた。   vrai / faux

3. « Nous parlons français » は英語のアプリだ。   vrai / faux

4. « Nous parlons français » は高価なアプリだ。   vrai / faux

Essayons ! (20)

以下の表現を下線部に入れて応答文を完成させましょう。
Complétez le dialogue avec les expressions suivantes.

[c'est / C'est / Ce sont]

A : Qu'est-ce que c'est ?

B : _____ une appli géniale !

   _____ des exercices de français.

A : Ah bon, _____ intéressant ?

B : Oui, en plus, c'est gratuit.

Mémo

Merci. C'est gentil ! 親切にありがとう。   en plus それに、さらに

Vocabulaire - Expressions 🔊 21

授業に関わる名詞		さまざまな形容詞			
un(e) élève	生徒	génial(e)	すばらしい、すごい		
un cours	授業	intéressant(e)	面白い	⇔ ennuyeux(euse)	退屈な
un exercice	練習問題	facile	簡単な	⇔ difficile	難しい
un cahier	ノート	gratuit(e)	無料の	⇔ payant(e)	有料の
un crayon	鉛筆	gentil(le)	親切な	⇔ méchant(e)	意地悪な
un stylo	ペン	intelligent(e)	頭のよい		
une gomme	消しゴム	sérieux(euse)	まじめな		
un livre	本				

À nous de jouer !

❶ ペアを組んで、Manga の会話をまねてみましょう。
Par groupes de deux, imitez la conversation du Manga.

❷ ペアを組んで、以下のようなやりとりをしてみましょう。
Par groupes de deux, inspirez-vous des questions suivantes et répondez-y ensemble.

Qu'est-ce que c'est ?　　　– C'est <u>un cahier</u>. C'est <u>le cahier de Julien</u>.

　　　　　　　　　　　　　– Ce sont <u>des livres</u>. Ce sont <u>les livres de Miki</u>.

Parlons !

例にならってフランス語で話しましょう。Parlez en français suivant le modèle.

ex.1	ex.2	1.	2.	3.	4.
une appli génial	des professeurs gentil	un stylo rouge	des amis américain	des crayons vert	une élève gentil

ex.1 **C'est quoi ?**　　　　– **C'est une appli. Elle est géniale.**

ex.2 **C'est qui ?**　　　　– **Ce sont des professeurs. Ils sont gentils.**

1. C'est quoi ?　 2. C'est qui ?　 3. C'est quoi ?　 4.　C'est qui ?

Écrivons !

例にならってフランス語で書きましょう。 Rédigez en français suivant les modèles.

ex. **C'est un cours difficile ?**

→ **– Oui, c'est un cours difficile. / – Non, ce n'est pas un cours difficile.**

1. C'est une élève sérieuse ?

– Oui, _____. / – Non, _____.

2. Ce sont des professeurs gentils ?

– Oui, _____. / – Non, _____.

ex. **C'est un exercice facile ?**

– Oui, c'est un exercice facile. / – Non, c'est un exercice *difficile*.

1. C'est un cours intéressant ?

– Oui, _____. / – Non, _____.

2. Ce sont des applis gratuites ?

– Oui, _____. / – Non,_____.

Écoutons ! (22)

音声をよく聞いて下線部を埋めましょう。 Écoutez et complétez les phrases.

Qu'est-ce que c'est ?

– _____ des exercices de français.

Ils sont difficiles ?

– Non,_____ difficiles. En plus, _____ gratuits.

Ah, _____ génial !

Mémo

noir(*e*) 黒い	vert(*e*) 緑の	bleu(*e*) 青い
rouge 赤い	jaune 黄色の	blanc(*che*) 白い

Tu as des frères et sœurs ?

Tu as
des frères
et sœurs ?

J'ai un grand frère
et un petit frère.
Et toi ?

Je n'ai pas de frères,
mais j'ai une sœur aînée.

Elle habite
avec tes parents ?

Non,
elle habite
avec son mari.

Ils ont
des enfants ?

Oui, deux !
Un garçon et
une fille.

C'est une jolie famille !

Méli-mélo

Manga を見ながら、出てくる順にフランス語（A 〜 F）を選び、それに対応する日本語（a 〜 f）を線で結びましょう。Mettez les expressions suivantes dans l'ordre du Manga, puis reliez-les à la traduction japonaise correspondante.

1. •   • A. J'ai un grand frère et un petit frère.   •   • a. 兄弟はいないけど、姉はいるよ。
2. •   • B. Non, elle habite avec son mari.   •   • b. 彼女は両親と住んでいるの？
3. •   • C. Je n'ai pas de frères, mais j'ai une   •   • c. 僕には兄と弟がいるんだ。
                sœur aînée.
4. •   • D. Tu as des frères et sœurs ?   •   • d. じゃあ、きみは？
5. •   • E. Elle habite avec tes parents ?   •   • e. いいえ、夫と住んでいるの。
6. •   • F. Et toi ?   •   • f. あなたには兄弟姉妹がいるの？

Vrai ou faux ?

Manga の内容について、正しければ vrai を、まちがっていれば faux を選びましょう。
Entourez vrai ou faux, suivant le Manga.

1. ジュリアンには兄がいる。   vrai / faux
2. ミキには弟がいる。   vrai / faux
3. ミキの姉は夫と住んでいる。   vrai / faux
4. ミキの姉には 3 人の子供がいる。   vrai / faux

Essayons ! (24)

以下の表現を下線部に入れて応答文を完成させましょう。
Complétez le dialogue avec les expressions suivantes.

[ai / as / n'ai pas de / habitent]

A : Tu _____ des frères ou des sœurs ?

B : Je _____ sœurs, mais j'_____ deux frères.

A : Ils _____ où ?

B : Ils habitent à Nagoya.

Mémo

grand(e) 大きい	un grand frère 兄 / une grande sœur 姉
	(= un frère aîné / une sœur aînée)
petit(e) 小さい	un petit frère 弟 / une petite sœur 妹

Vocabulaire - Expressions (25)

人		家族	
un homme 男	⇔ une femme 女	un père 父	⇔ une mère 母
un mari 夫	⇔ une femme 妻	un fils 息子	⇔ une fille 娘
un garçon 男子	⇔ une fille 女子	un frère 兄弟	⇔ une sœur 姉妹
un(e) enfant 子供	⇔ un(e) adulte 大人	un grand-père 祖父	⇔ une grand-mère 祖母
un bébé 赤ん坊		un oncle おじ	⇔ une tante おば
un(e) voisin(e) 隣人		un cousin 従兄弟	⇔ une cousine 従姉妹
un(e) étranger(ère) 外国人		un(e) enfant unique 一人っ子	

À nous de jouer !

❶ ペアを組んで、Manga の会話をまねてみましょう。
Par groupes de deux, imitez la conversation du Manga.

❷ ペアを組んで、以下のようなやりとりをしてみましょう。
Par groupes de deux, inspirez-vous des questions suivantes et répondez-y ensemble.

Tu as combien de frères et sœurs ?

  – J'ai <u>un frère</u>. / – Je suis <u>enfant unique</u>, mais j'ai <u>une cousine</u>.

Tu habites avec <u>ton frère</u> ? – Non, j'habite avec <u>mes parents</u>.

<u>Ta cousine</u> habite où ? – Elle habite <u>à Hokkaido</u>.

Parlons !

例にならってフランス語で話しましょう。 Parlez en français suivant le modèle.

Pierre — grand-père
Nathalie — grand-mère
Marie — mère
Nicolas — père
Arthur — aîné
Lucie — cadette
Jules — benjamin

ex. **Comment s'appelle la mère de Marie ?   – Elle s'appelle Nathalie.**

1. Comment s'appelle le grand-père d'Arthur ?
2. Comment s'appellent les parents de Jules ?
3. Combien d'enfants ont Marie et Nicolas ?
4. Combien de frères et sœurs a Lucie ?

Écrivons !

❶ 例にならってフランス語で書きましょう。Rédigez en français suivant le modèle.

ex. **Tu habites avec le frère de Julien ?   – Oui, j'habite avec son frère.**

1. Tu travailles avec le père de Miki ?
   – Oui, _____.
2. Il étudie avec la sœur de Marco ?
   – Non, _____.
3. Ils voyagent avec les parents de Paul ?
   – Oui, _____.
4. C'est la fille de Monsieur et Madame Sato ?
   – Non, _____.
5. Tu joues avec les enfants de ta voisine ?
   – Oui, _____.
6. Ce sont les livres d'Émilie ?
   – Non, _____.

Écoutons ! ㉖

音声をよく聞いて下線部を埋めましょう。Écoutez et complétez les phrases.

_____ combien d'enfants ?

– _____ trois enfants, deux fils et une fille. Et toi ?

Moi, _____ fils, mais j'ai deux filles.

– Elles sont _____ ?

Non. _____ avec leurs maris.

Il y a du bon pain chez lui.

Méli-mélo

Manga を見ながら、出てくる順にフランス語（A～F）を選び、それに対応する日本語（a
～f）を線で結びましょう。Mettez les expressions suivantes dans l'ordre du Manga, puis reliez-les à la
traduction japonaise correspondante.

1. •   • A. À gauche, il y a une boulangerie.   •   • a. どこですか？
2. •   • B. Je connais ce boulanger.   •   • b. あちらの真向かいです。
3. •   • C. C'est ça.   •   • c. 本屋と喫茶店の間ですか？
4. •   • D. Où ça ?   •   • d. 左手にパン屋があります。
5. •   • E. Entre la librairie et le café ?   •   • e. その通り。
6. •   • F. Là-bas, en face.   •   • f. そのパン屋を知っています。

Vrai ou faux ?

Manga の内容について、正しければ vrai を、まちがっていれば faux を選びましょう。
Entourez vrai ou faux, suivant le Manga.

1. ミキはお腹がすいている。   vrai / faux
2. パン屋は本屋とスーパーの間にある。   vrai / faux
3. ジュリアンはパン屋を知っている。   vrai / faux
4. パン屋の通りには店が少ない。   vrai / faux

Essayons ! ⌒28⌒

以下の表現を下線部に入れて応答文を完成させましょう。
Complétez le dialogue avec les expressions suivantes.

[achète / adore / connais / y a]

A : J'ai faim. On _____ quelque chose à manger ?

B : Oui. Il _____ une boulangerie à droite.

A : Je _____ ce boulanger. Il y a du bon pain chez lui.

B : C'est vrai. J'_____ cette boulangerie.

Mémo

J'ai faim. / J'ai soif. お腹がすいた。／喉がかわいた。
quelque chose à manger [boire] 何か食べる［飲む］もの
à gauche / à droite 左側に／右側に   là-bas あちらに
en face 真向かいに   entre A et B AとBの間に

Vocabulaire - Expressions (29)

お店・職業	（名詞の前に置かれる）形容詞	
une boulangerie パン屋／ boulang*er*(*ère*) パン職人	bon(*ne*)	よい、おいしい
une pâtisserie ケーキ屋／ pâtiss*ier*(*ère*) ケーキ職人	mauvais(*e*)	悪い
un café カフェ・喫茶店／ serv*eur*(*euse*) ウェイター	grand(*e*)	大きい
un restaurant レストラン／ cuisin*ier*(*ère*) 料理人	petit(*e*)	小さい
un magasin 店／ vend*eur*(*euse*) 店員	joli(*e*)	きれいな
un supermarché スーパー	beau (*belle*)	美しい
une boutique 小売店	jeune	若い
une librairie 本屋	vieux (*vieille*)	古い・老いた
un quartier 界隈、地区	nouveau (*nouvelle*)	新しい

À nous de jouer !

❶ ペアを組んで、Manga の会話をまねてみましょう。
Par groupes de deux, imitez la conversation du Manga.

❷ ペアを組んで、以下のようなやりとりをしてみましょう。
Par groupes de deux, inspirez-vous des questions suivantes et répondez-y ensemble.

On achète quelque chose à manger / boire ?

– Il y a <u>un supermarché</u>. C'est <u>là-bas</u>.

Parlons !

例にならってフランス語で話しましょう。 Parlez en français suivant le modèle.

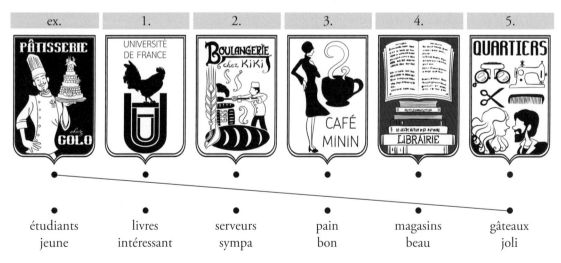

ex.	1.	2.	3.	4.	5.
étudiants	livres	serveurs	pain	magasins	gâteaux
jeune	intéressant	sympa	bon	beau	joli

ex. **Je connais cette pâtisserie. Il y a *de* jolis gâteaux là-bas.**

Écrivons !

例にならってフランス語で書きましょう。Rédigez en français suivant le modèle.

ex. **Tu achètes du pain chez ce boulanger ?**
   – Oui, j'achète du pain chez lui.

1. Tu manges avec tes parents ?
   – Oui, _____.

2. Il dîne chez son amie ?
   – Non, _____. dîner「夕食をとる」

3. Elle achète du vin pour son mari ?
   – Oui, _____.

4. Tu prends un café chez moi ?
   – Oui, _____. prendre「食べる・飲む」

5. Ces livres sont à toi ?
   – Non, _____. être à 人「～のもの」

Écoutons ! (30)

音声をよく聞いて下線部を埋めましょう。Écoutez et complétez les phrases.

_____ soif. _____ quelque chose à boire ?

– Oui. _____ un café.

Où ça ?

– C'est en face. _____ de la bonne bière là-bas.

Oui, c'est vrai. _____ ce café.

Mémo

| du pain パン | du fromage チーズ | un gâteau [des gâteaux] ケーキ |
| du thé お茶　du café コーヒー　du vin ワイン　de la bière ビール　de l'eau 水 | | |

J'y vais souvent.

C'est quoi, là-bas ?
C'est un train ?

C'est le tram.
Il passe à côté de chez moi
...

... et il va
au centre-ville.

C'est pratique !

Il n'y a pas
de voitures ?

Non. Les rues
sont piétonnes ici.

Et on peut aller
à la piscine
avec ce tram ?

Oui, et même
au gymnase.
J'y vais
souvent.

Comme il est trop bien
ton quartier !

Méli-mélo

Manga を見ながら、出てくる順にフランス語（A 〜 F）を選び、それに対応する日本語（a 〜 f）を線で結びましょう。Mettez les expressions suivantes dans l'ordre du Manga, puis reliez-les à la traduction japonaise correspondante.

1. •   • A. C'est quoi, là-bas ?   • • a. トラム（路面電車）です。
2. •   • B. Non. Les rues sont piétonnes ici.   • • b. それは中心街に行きます。
3. •   • C. Il va au centre-ville.   • • c. それは便利ですね。
4. •   • D. Il n'y a pas de voitures ?   • • d. あそこにあるのは何ですか?
5. •   • E. C'est pratique !   • • e. はい、道路は歩行者専用です。
6. •   • F. C'est le tram.   • • f. 車は通らないのですか。

Vrai ou faux ?

Manga の内容について、正しければ vrai を、まちがっていれば faux を選びましょう。
Entourez vrai ou faux, suivant le Manga.

1. トラムはジュリアンの家のそばを通る。   vrai / faux
2. 道路には車も走っている。   vrai / faux
3. トラムではプールに行けない。   vrai / faux
4. ジュリアンはしばしば体育館に行く。   vrai / faux

Essayons ! (32)

以下の表現を下線部に入れて応答文を完成させましょう。
Complétez le dialogue avec les expressions suivantes.

[est bien / passe à / peut aller / va au / y vais]

A : C'est le tram. Il _____ côté du gymnase et il _____ centre-ville.

B : On _____ à la piscine avec ce tram ?

A : Oui. J'_____ souvent.

B : Comme il _____ ton quartier !

Mémo

à côté de 〜 〜のそばに   un centre-ville 中心街   piéton(ne) 歩行者専用の

Vocabulaire - Expressions (33)

乗り物・移動に関する表現		建物・施設	
aller en avion 飛行機で行く	/ prendre l'avion 飛行機に乗る	une piscine	プール
aller en train 電車で〜	/ prendre le train 電車に〜	un gymnase	体育館
aller en tram トラムで〜	/ prendre le tram トラムに〜	un musée	美術館
aller en bus バスで〜	/ prendre le bus バスに〜	un cinéma	映画館
aller en voiture 車で〜	/ prendre la voiture 車に〜	une église	教会
aller en taxi タクシーで〜	/ prendre un taxi タクシーに〜	une poste	郵便局
aller à [en] vélo 自転車で〜	/ prendre le vélo 自転車に〜	un hôtel	ホテル
aller à pied 徒歩で〜	/ marcher 歩く	un hôpital	病院
rapide 速い ⇔ lent(e) 遅い	près 近い ⇔ loin 遠い	une banque	銀行
pratique 便利な	agréable 快適な		

À nous de jouer !

❶ ペアを組んで、Manga の会話をまねてみましょう。
Par groupes de deux, imitez la conversation du Manga.

❷ ペアを組んで、以下のようなやりとりをしてみましょう。
Par groupes de deux, inspirez-vous des questions suivantes et répondez-y ensemble.

A : C'est quoi, là-bas ?

B : C'est <u>le tram</u> [乗り物]**. On peut aller <u>au musée</u>** [場所] **avec ce tram.**

A : C'est <u>pratique</u> [形容詞] **!**

Parlons !

例にならってフランス語で話しましょう。Parlez en français suivant le modèle.

ex.	1.	2.	3.	4.	5.

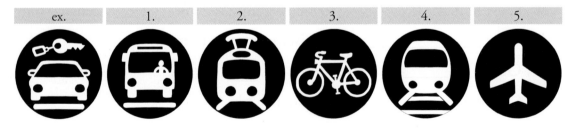

ex. **Comment tu vas à la piscine ?** [pratique]

→ **Je vais à la piscine <u>en voiture</u>. / J'y vais <u>en voiture</u>. / <u>En voiture</u>. C'est**

<u>pratique</u>.

1. Comment tu vas au cinéma ? [agréable]
2. Comment tu retournes à l'hôtel ? [rapide]
3. Comment tu rentres chez toi ? [près]
4. Comment tu vas en Angleterre ? [pratique]
5. Comment tu voyages aux États-Unis ? [très loin]

Écrivons !

例にならってフランス語で書きましょう。 Rédigez en français suivant le modèle.

ex. **Il prend le tram pour aller à la piscine.**
   → Il va à la piscine en tram. / Il _y_ va en tram.

1. Elle prend le vélo pour aller au musée.
   → _____.

2. Tu prends le train pour aller chez tes parents.
   → _____.

3. Nous marchons pour aller à la poste.
   → _____.

4. Ils prennent la voiture pour aller aux magasins.
   → _____.

5. Vous prenez le bus pour aller à l'hôpital.
   → _____.

Écoutons ! (34)

音声をよく聞いて下線部を埋めましょう。 Écoutez et complétez les phrases.

Qu'est-ce que c'est, là-bas ?

– C'est le bus. _____ par le cinéma, et _____ gymnase.

Et _____ à la poste ?

– Bien sûr. _____ souvent.

_____ ce bus alors.

Elle vient d'où ?

Où est Min-seo?

Elle est en train de téléphoner à ses parents.

Et toi, tu vois souvent les tiens ?

Oui, ils viennent chez moi de temps en temps.

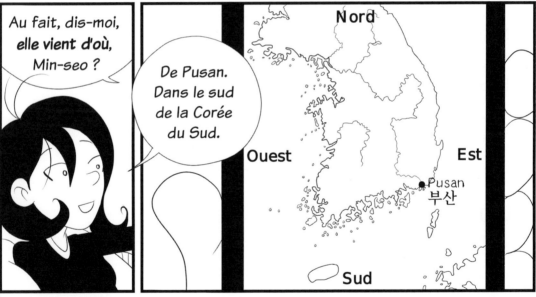

Au fait, dis-moi, elle vient d'où, Min-seo ?

De Pusan. Dans le sud de la Corée du Sud.

Nord

Ouest

Est

Pusan
부산

Sud

Ah oui ?

J'en reviens justement !

J'ai un ami là-bas.

Vraiment ? C'est marrant !

Méli-mélo

Manga を見ながら、出てくる順にフランス語（A 〜 F）を選び、それに対応する日本語（a 〜 f）を線で結びましょう。Mettez les expressions suivantes dans l'ordre du Manga, puis reliez-les à la traduction japonaise correspondante.

1. •   • A. Où est Min-seo ?   •   • a. 彼女は両親に電話をしている
                                                                    ところです。

2. •   • B. De Pusan. Dans le sud de la Corée   •   • b. はい、彼らはときどき僕の家
              du Sud.   に来るんだ。

3. •   • C. Et toi, tu vois souvent les tiens ?   •   • c. ところで、ミンセオはどこの
                                                                    出身なの？

4. •   • D. Oui, ils viennent chez moi de   •   • d. あなたはご両親によく会う？
              temps en temps.

5. •   • E. Elle est en train de téléphoner à ses   •   • e. ミンセオはどこにいるの？
              parents.

6. •   • F. Au fait, elle vient d'où, Min-seo ?   •   • f. プサンです。
                                                                    韓国の南部にあります。

Vrai ou faux ?

Manga の内容について、正しければ vrai を、まちがっていれば faux を選びましょう。
Entourez vrai ou faux, suivant le Manga.

1. ミンセオは両親に電話をしているところだ。   vrai / faux
2. ジュリアンはほとんど両親に会わない。   vrai / faux
3. ミキはちょうど韓国から戻ったところだ。   vrai / faux
4. ジュリアンは韓国に友人がいる。   vrai / faux

Essayons ! (36)

以下の表現を下線部に入れて応答文を完成させましょう。
Complétez le dialogue avec les expressions suivantes.

[est en train de / viennent / est / vois]

A : Où _____ Min-seo ?

B : Elle _____ téléphoner à ses parents.

A : Et toi, tu _____ souvent les tiens ?

B : Oui, ils _____ chez moi de temps en temps.

Mémo

être en train de 〜 〜しているところだ	au fait ところで	dis-moi ねえ
justement ちょうど、まさに	C'est marrant. おもしろいね。	

Vocabulaire - Expressions (37)

衣服		方角		頻度を表す副詞	
un vêtement	衣服	le nord	北	très souvent	しょっちゅう
une robe	ワンピース、ドレス	le sud	南	souvent	しばしば
une veste	上着、ジャケット	l'est	東	de temps en temps	時々
une chemise	シャツ	l'ouest	西	parfois	たまに
un T-shirt	Tシャツ			rarement	まれに
un pantalon	パンツ			ne ～ jamais	けっして～ない
une jupe	スカート				
une casquette	キャップ、野球帽				
des chaussures	靴（女性名詞複数）				
des lunettes	メガネ（女性名詞複数）				

À nous de jouer !

❶ ペアを組んで、Manga の会話をまねてみましょう。
Par groupes de deux, imitez la conversation du Manga.

❷ ペアを組んで、以下のようなやりとりをしてみましょう。
Par groupes de deux, inspirez-vous des questions suivantes et répondez-y ensemble.

A : **Tu vois <u>ta famille</u> ?**

B : **Oui, je vois <u>parfois</u> ma famille.**

   Non, je <u>ne</u> vois <u>jamais</u> ma famille.

Parlons !

例にならってフランス語で話しましょう。Parlez en français suivant le modèle.

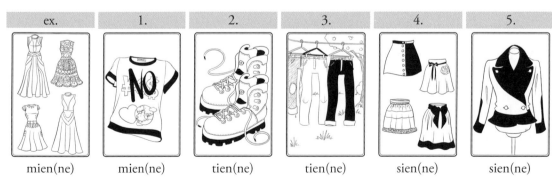

ex.	1.	2.	3.	4.	5.
mien(ne)	mien(ne)	tien(ne)	tien(ne)	sien(ne)	sien(ne)

ex. **Voici / Voilà <u>des robes</u>. Elles sont à qui ?**   – **Ce sont les miennes.**

   <u>Ces robes</u> sont à qui ?   – **Ce sont les miennes.**

voici ～：ここに～がある／ voilà ～：あそこに～がある

1. Voici un _____ . Il est à qui ? – _____ .
2. Voilà _____ . Elles sont à qui ? – _____ .
3. _____ sont à qui ? – _____ .
4. _____ sont à qui ? – _____ .
5. Voilà _____ . Elle est à qui ? – _____ .

Écrivons !

例にならってフランス語で書きましょう。 Rédigez en français suivant le modèle.

ex. **Tu viens d'où ?** [la France]

→ **Je viens de France.**

1. Son mari vient d'où ? [le nord du Japon]

   → _____ .

2. Tes amis reviennent d'où ? [les États-Unis]

   → _____ .

3. Le restaurant est en face de quoi ? [la librairie]

   → _____ .

4. Tu parles de qui ? [l'actrice de ce film]

   → _____ .

5. Vous parlez de quoi ? [les chansons japonaises]

   → _____ .

Écoutons ! 38

音声をよく聞いて下線部を埋めましょう。 Écoutez et complétez les phrases.

Elle _____ d'où ?

– De Bordeaux. Dans le sud de la France.

Ah oui ? Moi aussi, j'en _____ justement. Elle _____ souvent sa famille ?

– Non, mais ses parents _____ chez elle _____ .

Leçon 8

Je viens de l'inviter.

Coucou, Miki.

Qu'est-ce que tu fais cet après-midi ?

Je vais faire la cuisine.

Ah, bon...

On peut dîner ensemble ?

Et après, on peut aller sur les nouveaux quais de Saône.

Ça te dit ?*

Désolée, Min-seo va venir manger chez moi ce soir.

Je viens de l'inviter.

Oh, non !

Je n'ai vraiment pas de chance !

Pardon, mais je dois y aller.

On se voit* demain ?

Ça marche !

* Ça te dit ?   どうですか？   * se voir   会う

Méli-mélo

Manga を見ながら、出てくる順にフランス語（A 〜 F）を選び、それに対応する日本語（a 〜 f）を線で結びましょう。Mettez les expressions suivantes dans l'ordre du Manga, puis reliez-les à la traduction japonaise correspondante.

1. •　　• A. Oh, non ! Je n'ai vraiment pas de chance !　　• 　• a. 今日の午後、何をするの？

2. •　　• B. Je vais faire la cuisine.　　• 　• b. 一緒に夕食を食べませんか？

3. •　　• C. Je viens de l'inviter.　　• 　• c. ごめんなさい。今晩、ミンセオが私の家に食事しに来る予定なの。

4. •　　• D. On peut dîner ensemble ?　　• 　• d. ああ！本当についていないな。

5. •　　• E. Qu'est-ce que tu fais cet après-midi ?　　• 　• e. さっき彼女を招待したばかりなの。

6. •　　• F. Désolée. Min-seo va venir manger chez moi ce soir.　　• 　• f. 私は料理をします。

Vrai ou faux ?

Manga の内容について、正しければ vrai を、まちがっていれば faux を選びましょう。
Entourez vrai ou faux, suivant le Manga.

1. ミキは今日の午後、料理をする予定だ。　　　　　vrai / faux
2. ミキはジュリアンを夕食に誘っている。　　　　　vrai / faux
3. ミンセオは今晩、ミキの家に行く予定だ。　　　　vrai / faux
4. ミキとジュリアンは明日会う予定だ。　　　　　　vrai / faux

Essayons !　(40)

以下の表現を下線部に入れて応答文を完成させましょう。
Complétez le dialogue avec les expressions suivantes.

[dois / fais / peut / vais / viens]

A : Qu'est-ce que tu _____ cet après-midi ?

B : Je _____ faire la cuisine.

A : Ah, bon. On _____ manger ensemble ?

B : Désolée, je _____ dîner avec mon amie. Je _____ de l'inviter.

Mémo

Coucou. やあ。	Je n'ai pas de chance. ついてない。
y aller 立ち去る	Ça marche. 了解です。

Vocabulaire - Expressions (41)

食事		家事			
un repas	食事	faire la cuisine	料理をする	faire le ménage	掃除をする
prendre un petit-déjeuner		faire la lessive	洗濯をする	faire la vaisselle	皿洗いをする
	朝食をとる	faire les courses		買い物をする	
déjeuner (= prendre un		nettoyer la table [la salle de bain / les toilettes]			
déjeuner)	昼食とる	テーブル［浴室／トイレ］を掃除する			
dîner (= prendre un dîner)		時の表現 (1)			
	夕食をとる	maintenant	今	aujourd'hui	今日
de la viande	肉	cet après-midi	今日の午後	ce soir	今晩
du poisson	魚	ce week-end	今週末	demain	明日
un fruit	果物	la semaine prochaine		来週	
des légumes	野菜	le mois prochain		来月	
		l'année prochaine		来年	

À nous de jouer !

❶ ペアを組んで、Manga の会話をまねてみましょう。
Par groupes de deux, imitez la conversation du Manga.

❷ ペアを組んで、以下のようなやりとりをしてみましょう。
Par groupes de deux, inspirez-vous des questions suivantes et répondez-y ensemble.

On *peut* <u>déjeuner</u> ensemble maintenant ?

– Oui, on *va* déjeuner ensemble. / – Désolé, je *viens de* déjeuner.

Parlons !

例にならってフランス語で話しましょう。 Parlez en français suivant le modèle.

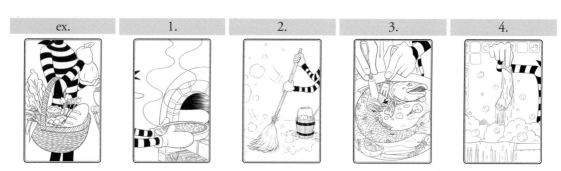

ex.	1.	2.	3.	4.

ex. **Il va faire les courses. / Il est *en train de* faire les courses. / Il *vient de* faire les courses.**

Écrivons !

1 pouvoir か devoir の現在形を入れましょう。Complétez les phrases avec «pouvoir» ou «devoir» au présent.

1. Les parents de Léa viennent ce soir. Elle _____ faire le ménage.

2. _____-tu acheter de la viande s'il te plaît ?

3. Je suis malade. Je ne _____ pas faire les courses.

4. Je vais inviter mes amis demain. Je _____ faire la cuisine.

2 例にならってフランス語で書きましょう。Rédigez en français suivant le modèle.

ex. **Tu invites Thomas chez toi ?**

   – Oui, je l'invite chez moi. / Non, je ne l'invite pas chez moi.

1. Tu téléphones à Émilie ?
   – Oui, _____. / – Non, _____.

2. Hugo porte ses lunettes ?
   – Oui, _____. / – Non, _____.

3. Vous écrivez* à vos amis ?
   – Oui, _____. / – Non, _____.

4. Tu vas nettoyer la table ?
   – Oui, _____. / – Non, _____.

écrire（手紙を）書く

Écoutons ! (42)

音声をよく聞いて下線部を埋めましょう。Écoutez et complétez les phrases.

Qu'est-ce que tu _____ le mois prochain ?

– Je _____ en Italie avec Marie.

Est-ce que je _____ avec vous ?

– Désolée, nous _____ les billets. Nous _____

les changer.

changer 変える

Ah, je n'ai vraiment pas de chance.

Tu es plus sportif que moi !

Julien, que fais-tu pendant ton temps libre ?

Je fais du sport.

J'aime courir,

nager,

faire du vélo...

J'ai fait partie d'une équipe de triathlon l'été dernier.

Bravo !!

Tu es plus sportif que moi !

Et toi Miki, tu as des passe-temps ?

Oui, j'aime cuisiner. Et manger !

J'aime surtout les spécialités lyonnaises...

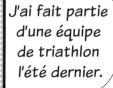

... la salade lyonnaise, bien sûr, et les quenelles !

Justement, j'ai trouvé une bonne recette pour faire les meilleures quenelles du monde !

Tu m'invites bientôt ?

Méli-mélo

Manga を見ながら、出てくる順にフランス語（A 〜 F）を選び、それに対応する日本語（a 〜 f）を線で結びましょう。Mettez les expressions suivantes dans l'ordre du Manga, puis reliez-les à la traduction japonaise correspondante.

1. •   • A. J'ai fait partie d'une équipe de triathlon l'été dernier.

2. •   • B. Julien, que fais-tu pendant ton temps libre ?

3. •   • C. Oui, j'aime cuisiner. Et manger !

4. •   • D. Bravo !! Tu es plus sportif que moi !

5. •   • E. Je fais du sport.

6. •   • F. Et toi Miki, tu as des passe-temps ?

• a. はい、私は料理をすることと、食べることが好きです。

• b. 僕は去年の夏、トライアスロンのチームに参加したんだ。

• c. じゃあミキ、きみは趣味がある？

• d. すごい！私よりスポーツ好きですね。

• e. ジュリアン、暇なときは何をする？

• f. 僕はスポーツをします。

Vrai ou faux ?

Manga の内容について、正しければ vrai を、まちがっていれば faux を選びましょう。
Entourez vrai ou faux, suivant le Manga.

1. ジュリアンは泳ぐのが好きだ。　　　　　　　　　vrai / faux
2. ジュリアンは走るのが嫌いだ。　　　　　　　　　vrai / faux
3. ミキはリヨン風サラダが好きだ。　　　　　　　　vrai / faux
4. ミキは世界で一番おいしいクネルのレシピを見つけた。　vrai / faux

Essayons !　(44)

以下の表現を下線部に入れて応答文を完成させましょう。
Complétez le dialogue avec les expressions suivantes.

[ai fait / ai trouvé / aime / fais]

A : Tu as des passe-temps ?

B : Je _____ du sport. J'_____ partie d'une équipe de tennis.

A : Tu es plus sportif que moi. Moi, j' _____ faire la cuisine.

B : Justement j'_____ une recette pour faire les meilleurs croissants du monde.

Mémo

une équipe de triathlon　トライアスロンのチーム	une spécialité　名物料理
une salade lyonnaise　リヨン風サラダ　une quenelle　クネル	une recette　レシピ

Vocabulaire - Expressions (45)

スポーツ		趣味	
faire du sport	スポーツをする	jouer du piano	ピアノを弾く
faire du ski	スキーをする	jouer de la guitare	ギターを弾く
faire du vélo	サイクリングをする	écouter de la musique	音楽を聴く
jouer au tennis	テニスをする	chanter	歌う
jouer au foot	サッカーをする	dessiner	絵を描く
nager	泳ぐ	lire un livre	本を読む
courir	走る	prendre des photos	写真を撮る
danser	ダンスをする	jouer aux jeux vidéo	ビデオゲームをする
gagner [perdre] un match		jouer aux échecs	チェスをする
	試合に勝つ [負ける]	regarder la télé	テレビを見る

À nous de jouer !

❶ ペアを組んで、Manga の会話をまねてみましょう。
Par groupes de deux, imitez la conversation du Manga.

❷ ペアを組んで、以下のようなやりとりをしてみましょう。
Par groupes de deux, inspirez-vous des questions suivantes et répondez-y ensemble.

Que fais-tu pendant ton temps libre ?

– Je <u>joue au tennis</u>. J'<u>ai joué au tennis</u> hier. Et toi ?

– Moi, je <u>joue de la guitare</u>. J'ai <u>joué de la guitare</u> ce matin.

Parlons !

例にならってフランス語で話しましょう。 Parlez en français suivant le modèle.

ex.	1.	2.	3.	4.
Lisa	Guy	Marc	Sophie	Louis
6 ans	80 ans	25 ans	41 ans	12 ans

ex. 1 **Lisa est *plus jeune que* Louis. (= Louis est *moins jeune que* Lisa.)**

ex. 2 **Guy est *le plus vieux de* tous. / Lisa est *la plus petite de* tous.**

tous みんな、全員

Écrivons !

❶ 例にならってフランス語で書きましょう。Rédigez en français suivant le modèle.

ex. 1 **Je joue du piano.** [ce matin] → **J'ai joué du piano ce matin.**

ex. 2 **Il ne joue pas au tennis.** [hier] → **Il n'a pas joué au tennis hier.**

1. Il ne nage pas à la piscine. [le mois dernier]

 – _____.

2. Elle court dans le parc. [cet après-midi]

 – _____.

3. Je ne nettoie pas la salle de bain. [le week-end dernier]

 – _____.

4. Nous prenons des photos. [l'été dernier]

 – _____.

5. Vous faites du ski. [cet hiver]

 – _____.

Écoutons ! ⟨46⟩

音声をよく聞いて下線部を埋めましょう。Écoutez et complétez les phrases.

Est-ce que _____ la musique, Lisa ?

– Oui, j'aime la musique française. Dimanche dernier, _____ devant

mes amis, et _____ mes chansons. Et toi, _____

quelque chose dimanche dernier ?

Je n'ai pas de passe-temps. Je _____ souvent à la bibliothèque pour

étudier.

– Alors, tu es _____ sérieux _____ moi !

Prends la première rue à gauche.

Allô ? Julien ? C'est moi. **Je suis perdue !**

Tu es où ?

Je suis devant une grande statue.

C'est une femme avec un lion.

Mais c'est près de l'arrêt de tram Perrache, ça ! Tu n'es pas descendue à Montrochet ?

Ben... **Je me suis endormie dans le tram.**

Hum... Ça ne fait rien. À pied, tu es à dix minutes du cinéma. Maintenant tourne à droite et continue jusqu'à la gare.

Ça y est.

Parfait. **Prends la première rue à gauche** et continue tout droit sur le cours Charlemagne.

D'accord.

Le cinéma est juste à ta droite.

Ah ! **Je le vois.** Merci, Julien.

Pas de quoi. À toute.

Méli-mélo

Manga を見ながら、出てくる順にフランス語（A 〜 F）を選び、それに対応する日本語（a 〜 f）を線で結びましょう。Mettez les expressions suivantes dans l'ordre du Manga, puis reliez-les à la traduction japonaise correspondante.

1. •   • A. Tu n'es pas descendue à Montrochet ? •   • a. 道に迷っているの。

2. •   • B. Hum... Ça ne fait rien. •   • b. 今すぐ右に曲がって、駅まで進み続けて。

3. •   • C. Ben... Je me suis endormie dans le tram. •   • c. 大きな像の前にいるの。

4. •   • D. Je suis perdue ! •   • d. モンロシェ駅で降りなかったの？

5. •   • E. Maintenant tourne à droite et continue jusqu'à la gare. •   • e. えーと、トラムで居眠りしたの。

6. •   • F. Je suis devant une grande statue. •   • f. うーん、大したことないさ。

Vrai ou faux ?

Manga の内容について、正しければ vrai を、まちがっていれば faux を選びましょう。
Entourez vrai ou faux, suivant le Manga.

1. ペラーシュ駅のそばに大きな像がある。   vrai / faux
2. ミキはモンロシェ駅で降りた。   vrai / faux
3. ペラーシュ駅から映画館まで歩いて 10 分かかる。   vrai / faux
4. 映画館はシャルルマーニュ大通りから遠い。   vrai / faux

Essayons !   (48)

以下の表現を下線部に入れて応答文を完成させましょう。
Complétez le dialogue avec les expressions suivantes.

[continue / me suis endormi / n'es pas descendu / prends]

A : Allô, Mélanie ? Je suis perdu !

B : Tu _____ à Châtelet ?

A : Non, je _____ dans le bus. Je suis devant la tour Eiffel.

B : Pas de problème. Maintenant, _____ la première rue à droite et _____ tout droit.

Mémo

un arrêt 停留所   Ça y est. よしできた。   Pas de quoi. （話）どういたしまして。
À toute. （話）またあとで。   la tour Eiffel エッフェル塔   Pas de problème. 問題ない。

Vocabulaire - Expressions (49)

助動詞 être をとる主な動詞（カッコ内は過去分詞）		序数詞	
aller (allé) 行く	⇔ venir (venu) 来る	premier(*ère*)	最初の／1番目の
monter 登る	⇔ descendre (descendu) 降りる	deuxième	2番目の
naître (né) 生まれる	⇔ mourir (mort) 死ぬ	troisième	3番目の
entrer 入る	⇔ sortir (sorti) 出る	quatrième	4番目の
rentrer 帰宅する	⇔ partir (parti) 出かける	cinquième	5番目の
tomber 落ちる	rester 居残る	sixième	6番目の
devenir (devenu) ～になる		septième	7番目の
主な代名動詞（助動詞は être）		huitième	8番目の
se coucher 寝る	⇔ se lever 起きる	neuvième	9番目の
s'endormir 眠りにつく	⇔ se réveiller 目覚める	dixième	10番目の
s'asseoir 座る	s'habiller 服を着る	dernier(*ère*)	最初の／最近の
se laver 体を洗う			
se laver la figure [les mains] 顔［手］を洗う			
se brosser les dents 歯を磨く			

À nous de jouer !

❶ ペアを組んで、Manga の会話をまねてみましょう。
Par groupes de deux, imitez la conversation du Manga.

❷ ペアを組んで、以下のようなやりとりをしてみましょう。
Par groupes de deux, inspirez-vous des questions suivantes et répondez-y ensemble.

Qu'est-ce que tu as fait *hier soir* ?

– Je suis rentré(e) et j'ai dîné. Après, je me suis couché(e).

Qu'est-ce que tu as fait *ce matin* ?

– Je me suis levé(e) et je me suis habillé(e). Après, je suis sorti(e) de chez moi.

Parlons !

例にならってフランス語で話しましょう。Parlez en français suivant le modèle.

ex. Où est le cinéma ?

– Prends la première rue à gauche et tourne à droite. Le cinéma est juste à ta gauche.

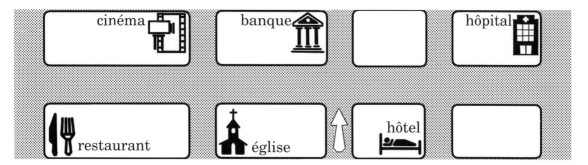

Écrivons !

例にならってフランス語で書きましょう。 Rédigez en français suivant le modèle.

ex. 1 **Je m'endors dans le tram.** → **Je me suis endormi(e) dans le tram.**

ex. 2 **Je vais à la gare.** → **Je suis allé(e) à la gare.**

1. Il rentre chez lui.

    – _____.

2. Elle se couche tôt.

    – _____.

3. Il tombe dans l'escalier.

    – _____.

4. Elle se lève tard.

    – _____.

5. Ils deviennent riches.

    – _____.

Écoutons ! 〔50〕

音声をよく聞いて下線部を埋めましょう。 Écoutez et complétez les phrases.

Qu'est-ce que tu as fait hier soir ?

– Je _____ chez moi, je _____ et j' _____ avec

mes enfants. Ensuite, nous _____ la télé ensemble, et nous

_____ couchés tôt.

Mémo

tôt 早く	escalier 階段	tard 遅く	riche お金持ちの

51

Je pourrai venir avec vous.

Min-seo, Miki, ça commence à quelle heure, le film ?

À six heures.

On est à l'heure. Après le ciné, on va au resto ?

Hmm... Je ne sais pas. À quelle heure ça finit ?

Vers huit heures, je crois.

Moi, je ne peux pas alors. Désolée.

Pourquoi ?

Parce que demain, j'ai du travail tôt le matin.

Dommage.

On ira au resto la semaine prochaine ?

Si c'est samedi, je pourrai venir avec vous !

Méli-mélo

Manga を見ながら、出てくる順にフランス語（A ～ F）を選び、それに対応する日本語（a ～ f）を線で結びましょう。 Mettez les expressions suivantes dans l'ordre du Manga, puis reliez-les à la traduction japonaise correspondante.

1. •   • A. Après le ciné, on va au resto ?   •   • a. それなら、私は無理です。

2. •   • B. Ça commence à quelle heure, le film ? •   • b. 明日は朝早くから仕事があるからです。

3. •   • C. Pourquoi ?   •   • c. 6 時です。

4. •   • D. Parce que demain, j'ai du travail tôt le matin. •   • d. 映画は何時に始まるの？

5. •   • E. Moi, je ne peux pas alors.   •   • e. 映画のあと、レストランに行きませんか？

6. •   • F. À six heures.   •   • f. なぜですか？

Vrai ou faux ?

Manga の内容について、正しければ vrai を、まちがっていれば faux を選びましょう。 Entourez vrai ou faux, suivant le Manga.

1. ジュリアンは映画の前にレストランに行きたがっている。   vrai / faux
2. 映画は 9 時に終わる。   vrai / faux
3. ミンセオは明日の朝早くから仕事がある。   vrai / faux
4. ミンセオは来週の金曜日ならレストランに行くことができる。   vrai / faux

Essayons ! (52)

以下の表現を下線部に入れて応答文を完成させましょう。
Complétez le dialogue avec les expressions suivantes.

[crois / dois / ira / pourrai / sais]

A : On va au musée cet après-midi ?

B : Je ne _____ pas. Je _____ aller travailler à six heures.

A : Mais demain, tu ne travailles pas, je _____ . On y _____ ensemble demain midi ?

B : Parfait ! Je _____ venir avec vous.

Mémo

un ciné （話）映画館（= un cinéma）　　un resto （話）レストラン（= un restaurant）

Pourquoi ? なぜ？　Parce que ～ . ～なので／だから。　[C'est] dommage. 残念だ。

Vocabulaire - Expressions 🔊 53

時刻		日付・月・季節	
Quelle heure est-il ?	何時ですか？	Quelle est la date d'aujourd'hui ?	
Il est ～ heure(s).	～時です。		今日は何月何日ですか？
		On est [Nous sommes] le premier février.	
une heure onze	1時11分		今日は 2 月 1 日です。
deux heures et quart	2時15分	On est [Nous sommes] le combien ?	
(= deux heures quinze)			（今日は）何日ですか？
trois heures et demie	3時半	On est [Nous sommes] le premier.	1 日です。
(= trois heures trente)		janvier 1月　　février 2月　　mars 3月	
cinq heures moins dix	4時50分	avril 4月　　mai 5月　　juin 6月	
(= quatre heures cinquante)		juillet 7月　　août 8月　　septembre 9月	
sept heures moins le quart	6時45分	octobre 10月　novembre 11月　décembre 12月	
(= six heures quarante-cinq)		en janvier, en février... 1月に、2月に…	
		le printemps 春　　　　au printemps 春に	
midi	正午（午後 0 時）	l'été 夏　　　　　　en été 夏に	
minuit	真夜中（午前 0 時）	l'automne 秋　　　　en automne 秋に	
		l'hiver 冬　　　　　en hiver 冬に	

À nous de jouer !

❶ ペアを組んで、Manga の会話をまねてみましょう。
Par groupes de deux, imitez la conversation du Manga.

❷ ペアを組んで、以下のようなやりとりをしてみましょう。
Par groupes de deux, inspirez-vous des questions suivantes et répondez-y ensemble.

Demain, on dîne ensemble ?

– Désolé. Demain, je dois aller chez ma sœur.

Alors, on dînera ensemble samedi ?

– Si c'est samedi, je pourrai dîner avec toi !

Parlons !

例にならってフランス語で話しましょう。 Parlez en français suivant le modèle.

ex. **[se lever] Tu t'es levé(e) à quelle heure ?**

– Je me suis levé(e) à six heures et demie.

	ex.	1.	2.	3.	4.	5.

1. [prendre le train]   **2. [déjeuner]**   **3. [rentrer chez soi]**

4. [regarder la télé]   **5. [se coucher]**

Écrivons !

例にならってフランス語で書きましょう。Rédigez en français suivant le modèle.

ex. **Le film commence à six heures → Le film *commencera* à six heures.**

1. Tu visites un château au printemps.

   – _____.

2. Je suis chez moi ce soir.

   – _____.

3. Elle finit ses devoirs avant minuit.

   – _____.

4. Il offre un cadeau d'anniversaire à sa femme .

   – _____.

5. On se voit demain.

   – _____.

finir ses devoirs 宿題を終える／ offrir un cadeau d'anniversaire 誕生日プレゼントをあげる

Écoutons ! (54)

音声をよく聞いて下線部を埋めましょう。Écoutez et complétez les phrases.

À quelle heure il vient à la maison ce soir ?

– Il _____ vers _____ heures, je crois.

Désolé, je _____ être là. Je dois travailler jusqu'à _____

heures.

– Dommage. Tu _____ plus tard ?

D'accord. On _____ plus tard alors.

Leçon 12

Je ne me sens pas bien.

Bonjour Julien !

B'jour...

Tu as une voix bizarre, qu'est-ce qui t'arrive ?

Je ne me sens pas bien.

J'ai mal à la tête...

et j'ai de la fièvre.

Depuis quand tu es malade ?

Depuis mercredi.

Hier, j'étais au lit toute la journée.

Tu dois aller chez le docteur !

J'ai appelé ce matin, mais personne ne répondait au téléphone. Alors, je l'appellerai demain.

Prends soin de toi !

Méli-mélo

Manga を見ながら、出てくる順にフランス語（A 〜 F）を選び、それに対応する日本語（a 〜 f）を線で結びましょう。Mettez les expressions suivantes dans l'ordre du Manga, puis reliez-les à la traduction japonaise correspondante.

1. •　• A. Tu as une voix bizarre, qu'est-ce qui t'arrive ?　　•　• a. 今朝電話をしたけれど、誰も応答してくれなかった。

2. •　• B. Prends soi de toi.　　•　• b. 具合がよくないんだよ。

3. •　• C. Je ne me sens pas bien.　　•　• c. お大事にしてね。

4. •　• D. J'ai appelé ce matin, mais personne ne répondait au téléphone.　　•　• d. 頭が痛くて熱があるんだ。

5. •　• E. Hier, j'etais au lit toute la journée.　　•　• e. 昨日は一日中寝ていたんだ。

6. •　• F. J'ai mal à la tête et j'ai de la fièvre.　　•　• f. 声が変ね。どうしたの？

Vrai ou faux ?

Manga の内容について、正しければ vrai を、まちがっていれば faux を選びましょう。
Entourez vrai ou faux, suivant le Manga.

1. ジュリアンは頭が痛い。　　　　　　　　　　vrai / faux

2. ジュリアンは木曜日から具合が悪い。　　　　vrai / faux

3. ジュリアンは昨日、一日中寝ていた。　　　　vrai / faux

4. ジュリアンは今朝、病院に行った。　　　　　vrai / faux

Essayons !　(56)

以下の表現を下線部に入れて応答文を完成させましょう。
Complétez le dialogue avec les expressions suivantes.

[ai mal / arrive / étais / me sens / prends]

A : Qu'est-ce qui t' _____ ?

B : Je ne _____ pas bien, et j'_____ au ventre. Hier aussi, j'_____ malade.

A : Tu dois aller chez le docteur, _____ soin de toi !

Mémo

depuis ＋期間／時　〜から	appeler （人に）電話をする、呼ぶ
personne （否定文で）誰も〜ない	répondre à〜　〜に答える

Vocabulaire - Expressions (57)

病気や体調に関わる語・表現		時の表現（2）	
une maladie	病気	toute la journée	一日中
un médecin	医者	tous les jours	毎日
un docteur	医師	ce matin	今朝
un dentiste	歯医者	hier	昨日
être malade	病気である、具合が悪い	hier après-midi	昨日の午後
tomber malade	病気になる	hier soir	一昨日の夕方
avoir de la fièvre	熱がある	le week-end dernier	先週末
être fatigué(*e*)	疲れている	la semaine dernière	先週
prendre un médicament	薬を飲む	le mois dernier	先月
se sentir bien [mal]	気分がよい [わるい]	l'année dernière	昨年
avoir froid [chaud]	寒く [暑く] 感じる		
avoir mal à la tête [au ventre / au bras / à la jambe / aux dents]　頭 [お腹／腕／脚／歯] が痛い			

À nous de jouer !

❶ ペアを組んで、Manga の会話をまねてみましょう。
Par groupes de deux, imitez la conversation du Manga.

❷ ペアを組んで、以下のようなやりとりをしてみましょう。
Par groupes de deux, inspirez-vous des questions suivantes et répondez-y ensemble.

Qu'est-ce qui t'arrive ?

– Je <u>ne me sens pas bien</u> et j'ai <u>mal au ventre</u>. / – Je <u>suis fatigué(e)</u> et j'ai <u>de la fièvre</u>.

Prends soin de toi !

Parlons !

例にならってフランス語で話しましょう。 Parlez en français suivant le modèle.

　ex. **Qu'est-ce qu'il a ?**

　　– Il *a chaud depuis samedi.*

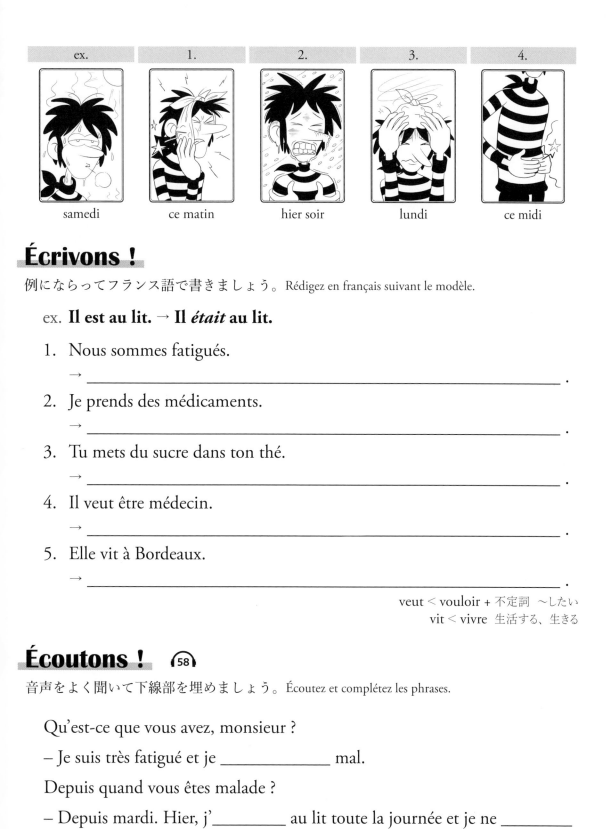

	ex.	1.	2.	3.	4.

samedi ce matin hier soir lundi ce midi

Écrivons !

例にならってフランス語で書きましょう。Rédigez en français suivant le modèle.

ex. **Il est au lit.** → Il *était* **au lit.**

1. Nous sommes fatigués.

   → _____ .

2. Je prends des médicaments.

   → _____ .

3. Tu mets du sucre dans ton thé.

   → _____ .

4. Il veut être médecin.

   → _____ .

5. Elle vit à Bordeaux.

   → _____ .

veut < vouloir + 不定詞　〜したい
vit < vivre　生活する、生きる

Écoutons !　(58)

音声をよく聞いて下線部を埋めましょう。Écoutez et complétez les phrases.

Qu'est-ce que vous avez, monsieur ?

– Je suis très fatigué et je _____ mal.

Depuis quand vous êtes malade ?

– Depuis mardi. Hier, j'_____ au lit toute la journée et je ne _____

   pas aller au travail.

Si vous _____ ces médicaments, vous _____ mieux.

Il faut que tu viennes avec nous.

Miki !

Tes vacances, c'était comment ?

C'était très bien !

Je suis allée en Nouvelle-Aquitaine avec Min-seo.

Il faisait beau tous les jours.

Qu'est-ce que vous avez fait ?

Nous avons visité des châteaux médiévaux .

Je vous envie. Moi, je ne suis allé nulle part.

Écoute, il faut que tu viennes avec nous la prochaine fois !

J'aimerais bien !

En tout cas, je suis content que tu aies passé de bonnes vacances.

Méli-mélo

Manga を見ながら、出てくる順にフランス語（A 〜 F）を選び、それに対応する日本語（a 〜 f）を線で結びましょう。Mettez les expressions suivantes dans l'ordre du Manga, puis reliez-les à la traduction japonaise correspondante.

1. •   • A. Je vous envie. Moi, je ne suis allé nulle part.   •   • a. じゃあ、今度は私たちと一緒に来なくちゃね。

2. •   • B. J'aimerais bien !   •   • b. 私たちは中世の城を訪れました。

3. •   • C. Tes vacances, c'était comment ?   •   • c. ヴァカンスはどうだった？

4. •   • D. En tout cas, je suis content que tu aies passé de bonnes vacances.   •   • d. うらやましいね。僕はどこにも行かなかったよ。

5. •   • E. Nous avons visité des châteaux médiévaux.   •   • e. ぜひそうしたいな。

6. •   • F. Écoute, il faut que tu viennes avec nous la prochaine fois !   •   • f. とにかく、君がよいヴァカンスを過ごせてうれしいです。

Vrai ou faux ?

Manga の内容について、正しければ vrai を、まちがっていれば faux を選びましょう。
Entourez vrai ou faux, suivant le Manga.

1. ミキはミンセオとヴァカンスを過ごした。   vrai / faux
2. ミキはヴァカンスで中世の城を訪れた。   vrai / faux
3. ジュリアンはヌーヴェル・アキテーヌ地方でヴァカンスを過ごした。   vrai / faux
4. ジュリアンは今度のヴァカンスを一人で過ごしたい。   vrai / faux

Essayons ! (60)

以下の表現を下線部に入れて応答文を完成させましょう。
Complétez le dialogue avec les expressions suivantes.

[ai voyagé / était / nageais / suis partie / viennes]

A : Tes vacances d'été, c'_____ comment ?

B : Je _____ à la mer, et c'était très agréable. Je _____ tous les matins.

A : C'est bien. Moi, je n'_____ nulle part.

B : Écoute, il faut que tu _____ avec moi la prochaine fois !

Mémo

Nouvelle-Aquitaine　ヌーヴェル・アキテーヌ地方	un château médiéval　中世の城
nulle part （否定文で）どこにも〜ない	la prochaine fois　今度

Vocabulaire - Expressions　🎧 61

接続法をとる主な表現		自然・動物に関わる表現	
il faut que ～	～しなければならない	une mer　海	une plage　浜辺
c'est dommage que ～	～は残念だ	une rivière　川	une montagne　山
vouloir que ～	～してほしい	un arbre　木	une forêt　森
avoir peur que ～	～を恐れている	une campagne　田舎	
être content(e) que ～	～して満足だ	un animal　動物	
être triste que ～	～して悲しい	un chien　犬	un chat　猫
天候に関わる表現		un cheval　馬	un oiseau　鳥
Quel temps fait-il ?	どんな天気ですか？		
Il neige.	雪が降っている。	passer des vacances　ヴァカンスを過ごす	
Il pleut.	雨が降っている。	se promener　散歩する	
Il fait beau [mauvais].	天気がよい［わるい］。	faire du ski　スキーをする	
Il y a des nuages.	曇りだ。	faire du camping　キャンプをする	
Il y a du soleil.	日が差している。	pêcher des poissons　魚を釣る	
Il y a du vent.	風が吹いている。		

À nous de jouer !

❶ ペアを組んで、Manga の会話をまねてみましょう。
Par groupes de deux, imitez la conversation du Manga.

❷ ペアを組んで、以下のようなやりとりをしてみましょう。
Par groupes de deux, inspirez-vous des questions suivantes et répondez-y ensemble.

Qu'est-ce que tu as fait pendant les vacances ?

– Je suis allé à la rivière et j'ai pêché des poissons.

C'était comment ?

– C'était génial [super / très bien / agréable / parfait / intéressant].

/ – Ce n'était pas génial [super / très bien / agréable / parfait / intéressant].

Parlons !

例にならってフランス語で話しましょう。 Parlez en français suivant le modèle.

ex. Quel temps fait-il ?

– Il *fait beau*. On va *se promener*. / On va *faire du camping*, etc.

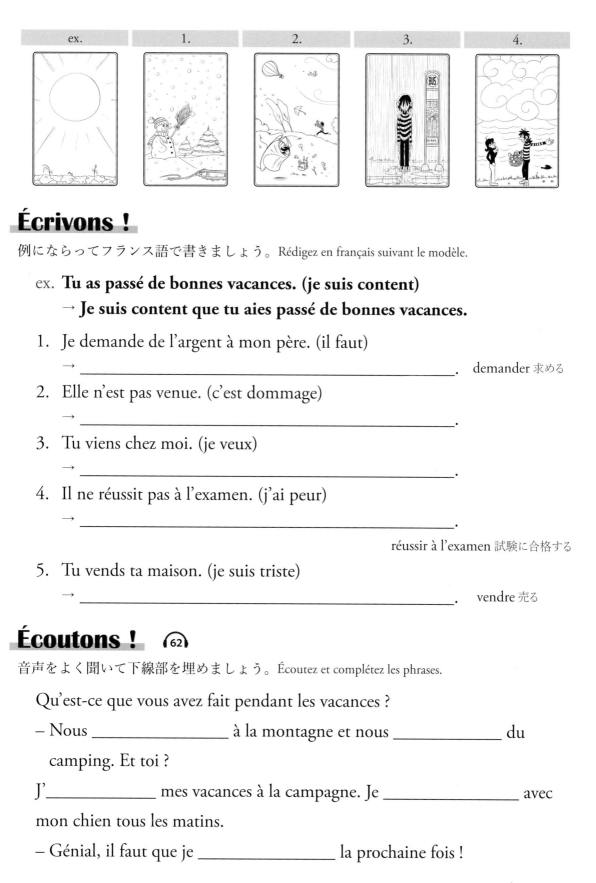

| ex. | 1. | 2. | 3. | 4. |

Écrivons !

例にならってフランス語で書きましょう。Rédigez en français suivant le modèle.

ex. **Tu as passé de bonnes vacances. (je suis content)**
→ Je suis content que tu aies passé de bonnes vacances.

1. Je demande de l'argent à mon père. (il faut)
   → _____. demander 求める
2. Elle n'est pas venue. (c'est dommage)
   → _____.
3. Tu viens chez moi. (je veux)
   → _____.
4. Il ne réussit pas à l'examen. (j'ai peur)
   → _____.

   réussir à l'examen 試験に合格する
5. Tu vends ta maison. (je suis triste)
   → _____. vendre 売る

Écoutons ! 〔62〕

音声をよく聞いて下線部を埋めましょう。Écoutez et complétez les phrases.

Qu'est-ce que vous avez fait pendant les vacances ?

– Nous _____ à la montagne et nous _____ du
camping. Et toi ?

J'_____ mes vacances à la campagne. Je _____ avec
mon chien tous les matins.

– Génial, il faut que je _____ la prochaine fois !

各課に含まれる文法事項のまとめ

Leçon 1

① 主語人称代名詞

		単数	複数
1 人称		je (j')	nous
2 人称		tu / vous	vous
3 人称	男性	il	ils
	女性	elle	elles

◆ tu はごく親しい相手に使われ、目上の人や初対面の人など、あまり親しくない人には vous が使われる。
◆ il(s), elle(s) は、人だけでなく、物に対しても使われる。3 人称で男女が混じっているときは ils を使う。
◆ その他の主語人称代名詞として、「不特定の人（々）」を指す on がある。on はつねに 3 人称単数扱い。

② être（～である）の直説法現在

je	**suis**	nous	**sommes**
tu	**es**	vous	**êtes**
il	**est**	ils	**sont**
elle	**est**	elles	**sont**
c'	**est**	ce	**sont**

◆ C'est ～ . / Ce sont ～ . は人や物を提示する表現。C'est ＋単数 . / Ce sont ＋複数 .

③ 形容詞の性

男性形	女性形
japonais	japonais**e**
italien	italien**ne**

◆ 原則的には〈男性形＋ **e** ＝女性形〉

④ 否定文　動詞を ne (n') と pas ではさむ

Je suis américain. → Je ***ne*** suis ***pas*** américain.
Elle est coréenne. → Elle ***n'***est ***pas*** coréenne.

Leçon 2

① -er 動詞の直説法現在

parler（話す）				habiter（住む）			
je	**parle**	nous	**parlons**	j'	**habite**	nous	**habitons**
tu	**parles**	vous	**parlez**	tu	**habites**	vous	**habitez**
il / elle / on	**parle**	ils / elles	**parlent**	il / elle / on	**habite**	ils / elles	**habitent**

◆ je の後に母音や無音の h で始まる単語がくると **j'** となる。
◆ 3 人称複数形の -ent は発音されない。

② 名詞の性と数

男性名詞	homme	livre	étudiant	Français	Japon
女性名詞	femme	maison	étudiant**e**	Français**e**	France

◆ 国籍や職業をあらわす名詞の場合、女性形は原則として男性形に **e** をつける。
◆ 複数形は原則として単数形の語尾に **s** をつける（**s** は発音されない）ex) étudiant → étudiant**s**

③ **定冠詞**：特定されている名詞やすでに言及された名詞を示す

	単数	複数
男性	**le** (l')	**les**
女性	**la** (l')	

le livre　　　　　　**les** livres

la maison　　　　　**les** maisons

l'étudiante　　　　**les** étudiantes

◆ 名詞が母音や無音の h で始まる場合、le と la は **l'** となる

④ **疑問文の種類**

・イントネーションによる　　　　　Tu aimes le français ? ↗

・Est-ce que (qu') を用いる　　　　*Est-ce que* tu aimes le français ?

・主語と動詞を倒置する　　　　　　*Aimes-tu* le français ?

Leçon 3

① **不定冠詞**：特定されていない名詞やはじめて言及される名詞を示す

	単数	複数
男性	**un**	**des**
女性	**une**	

un livre　　　　　　**des** livres

une maison　　　　**des** maisons

② **形容詞の位置と性数の一致**：形容詞は原則として名詞の後に置かれる。

〈男性形＋ **e** ＝女性形〉以外のケース

- **e**	→ - **e**	un exercice facil**e** → une leçon facil**e**
- **en**	→ - **en**ne	un étudiant itali**en** → une étudiante itali**enne**
- **on**	→ - **on**ne	un chemin piét**on** → une rue piét**onne**
- **eux**	→ - **euse**	Il est ennuy**eux**. → Elle est ennuy**euse**.
- **f**	→ - **ve**	un homme sporti**f** → une femme sporti**ve**
- **il**	→ - **il**le	Il est gent**il**. → Elle est gent**ille**.

〈単数形＋ **s** ＝複数形〉以外のケース

- **s**	→ - **s**	un livre françai**s** → des livres françai**s**
- **x**	→ - **x**	Il est sérieu**x**. → Ils sont sérieu**x**.
- **al**	→ - **aux**	un château médiév**al** → des châteaux médiév**aux**

③ **疑問代名詞**

Qu'est-ce que c'est ? / C'est quoi ?　　　それはなんですか？

Qui est-ce ? / C'est qui ?　　　　　　　誰ですか？

Leçon 4

① avoir（〜を持つ、持っている）の直説法現在

j'	**ai**	nous	**avons**
tu	**as**	vous	**avez**
il / elle / on	**a**	ils / elles	**ont**

② 所有形容詞：「私の、きみの、彼の…」

所有者	男性単数名詞	女性単数名詞	男女複数名詞
je	**mon** père	**ma** mère	**mes** parents
tu	**ton** père	**ta** mère	**tes** parents
il / elle	**son** père	**sa** mère	**ses** parents
nous	**notre** père	**notre** mère	**nos** parents
vous	**votre** père	**votre** mère	**vos** parents
ils / elles	**leur** père	**leur** mère	**leurs** parents

◆ ma, ta, sa は母音字や無音の h の前では、それぞれ mon, ton, son になる。
ex) **mon** école, **ton** école, **son** école

③ 否定の de

J'ai des frères. → Je n'ai pas **de** frères.

◆ 直接目的語についた不定冠詞 un(e), des は、否定文ではすべて **de** に変わる。ただし、以下のケースに注意！
C'est un livre. → Ce n'est pas **un** livre. (直接目的語でない)
J'aime les chats. → Je n'aime pas **les** chats. (不定冠詞でない)

④ 疑問副詞

où	どこ？	Elle habite **où** ?
quand	いつ？	Vous voyagez **quand** ?
comment	どのように？	**Comment** vas-tu ?
combien de +複数名詞	いくつの？	Vous avez **combien de** frères ?

<hr>

Leçon 5

① 部分冠詞：数えられない名詞の若干量を示す

	単数
男性	**du** (de l')
女性	**de la** (de l')

du pain   **de l'**argent
de la viande   **de l'**eau
◆名詞が母音や無音の h で始まる場合、de l' となる。

② 指示形容詞：「この、その、あの…」

	単数	複数
男性	**ce** (cet)	**ces**
女性	**cette**	

ce cahier   **cet** enfant   **cet** hôtel
cette gomme   **ces** stylos
◆名詞が母音や無音の h で始まる場合、ce は cet となる。

③ 名詞の前に置かれる形容詞

grand, petit, bon, mauvais, jeune, vieux, joli, beau, nouveau など日常的によく使われる形容詞は、一般的に名詞の前に置かれる。
un bon élève   une jolie fille
beau, nouveau, vieux の女性形は、それぞれ **belle**, **nouvelle**, **vieille** となる。
une **belle** fille   une **nouvelle** maison   une **vieille** femme

④ 人称代名詞強勢形

	強勢形		強勢形
je	**moi**	nous	**nous**
tu	**toi**	vous	**vous**
il	**lui**	ils	**eux**
elle	**elle**	elles	**elles**

◆ 前置詞や接続詞 et などの後で使われる。

Tu chantes avec *moi*.　　Je suis japonaise, et *toi* ?

◆ 主語の同格や être の補語として使われる。

Moi, je suis français, et *toi*, tu es allemand.

C'est *lui*.　　　　　Ce sont *eux*.

Leçon 6

① aller（行く、～しに行く）の直説法現在

je	**vais**	nous	**allons**
tu	**vas**	vous	**allez**
il / elle / on	**va**	ils / elles	**vont**

② 前置詞 à の縮約形

à + le → au　　　　　Je vais *au* cinéma.

à + les → aux　　　　Ils vont *aux* États-Unis.

◆ à + la, à + l' はそのまま　　Il va <u>à la</u> campagne.　　　Elle va <u>à l'</u>école.

③ 中性代名詞 y（動詞の前に置かれる）

・〈前置詞＋場所〉に代わる（そこに、そこへ）

Tu vas <u>à la piscine</u> [<u>en France</u>, <u>chez lui</u>, etc] ?　　– Oui, j'*y* vais souvent.

・動詞・形容詞の補語として〈à ＋物〉に代わる

Tu réponds <u>à sa lettre</u> ?　　　– Oui, j'y réponds. / – Non, je n'*y* réponds pas.

④ 感嘆文

Comme ～　なんと～！　　*Comme* il est beau !

Leçon 7

① venir の直説法現在

je	**viens**	nous	**venons**
tu	**viens**	vous	**venez**
il / elle / on	**vient**	ils / elles	**viennent**

② 前置詞 de の縮約形

de + le → du　　　　Elle vient *du* sud du Japon.

de + les → des　　　Ils viennent *des* États-Unis.

◆ de + la, de + l' はそのまま　Je viens <u>de la</u> campagne.　　　Ils rentrent <u>de l'</u>école.

③ 中性代名詞 en（動詞の前に置かれる）

・〈de ＋場所〉に代わる（そこから）

Il vient de Lyon ?　　　　– Oui, il *en* vient.

・直接目的語として不定冠詞・部分冠詞・数詞・数量表現のついた名詞に代わる

Tu as des chiens ?　　　　– Oui, j'*en* ai un [deux, trois, etc].

Tu manges du fromage ?　　　　　　 – Non, je n'*en* mange pas.

Elle a beaucoup d'amis ?　　　　　　 – Oui, elle *en* a beaucoup.

④ **所有代名詞**：「私のもの、君のもの、彼（女）のもの…」

	男性単数	女性単数	男性複数	女性複数
je	**le mien**	**la mienne**	**les miens**	**les miennes**
tu	**le tien**	**la tienne**	**les tiens**	**les tiennes**
il / elle	**le sien**	**la sienne**	**les siens**	**les siennes**
nous	**le nôtre**	**la nôtre**	**les nôtres**	
vous	**le vôtre**	**la vôtre**	**les vôtres**	
ils / elles	**le leur**	**la leur**	**les leurs**	

◆ 所有者の人称と名詞の性・数に応じて変化する。

Voici <u>ma veste</u>, ***la tienne*** est là.　　　<u>Ces chaussures</u>, ce sont ***les vôtres*** ?

Leçon 8

① **近接未来**：〈aller ＋不定詞〉（〜するところだ）

Je ***vais*** faire les courses.　　　　　　 L'avion ***va*** partir.

② **近接過去**：〈venir de (d') ＋不定詞〉（〜したばかりだ）

Il ***vient de*** déjeuner.　　　　　　 Ils ***viennent d'***arriver au Japon.

③ **目的格の人称代名詞（動詞の前に置く）**

	直接目的	間接目的			直接目的	間接目的
je	**me** (m')	**me** (m')		nous	**nous**	**nous**
tu	**te** (t')	**te** (t')		vous	**vous**	**vous**
il	**le** (l')	**lui**		ils	**les**	**leur**
elle	**la** (l')	**lui**		elles	**les**	**leur**

◆ me, te, le, la は母音や無音の h の前では、それぞれ m', t', l', l' となる。

◆ le, la, les は物も受けることができる。

Est-ce que tu <u>m'</u>aimes ?　　　　　　 – Oui, je ***t'***aime.

Il aime <u>le sport</u> ?　　　　　　 – Oui, il ***l'***aime beaucoup.

Tu écris <u>à ton frère</u> ?　　　　　　 – Non, je ne ***lui*** écris pas souvent.

Elle obéit <u>à ses parents</u> ?　　　　　 – Non, elle ne ***leur*** obéit pas.

Leçon 9

① **比較級**

plus			X より〜	（優等比較級）
aussi	＋ 形容詞 副詞	＋ **que** (qu') X	X と同じくらい〜	（同等比較級）
moins			X ほど〜ない	（劣等比較級）

Il est ***plus*** sportif ***qu'***elle.　(= Elle est ***moins*** sportive ***que*** lui.)

Elles dansent ***aussi*** bien ***que*** Sophie.

Émilie court ***plus*** vite ***que*** Jean.　(= Jean court ***moins*** vite ***qu'***Émilie.)

◆ bon, bien の優等比較級は、それぞれ meilleur(e), mieux となる。

Le vin est **_meilleur que_** l'eau.　　　　André nage **_mieux que_** Nicole.

② 最上級

le la les	+	plus moins	+ 形容詞 + **de** X	X の中で一番〜　　　　（優等最上級） X の中で一番〜ない　（劣等最上級）

Julien est **_le plus_** grand **_de_** sa famille.　　　Léa est **_la moins_** sérieuse **_de_** mes élèves.

◆ 副詞の最上級の場合、定冠詞はつねに le となる。

Elle court **_le moins_** vite **_de_** tous.

◆ bon, bien の優等最上級は、それぞれ le [la / les] meilleur(e)(s), le mieux となる。

C'est **_la meilleure_** étudiante **_de_** la classe.　　Elle chante **_le mieux de_** notre école.

③ 直説法複合過去（1）

・活用：他動詞と大半の自動詞は、〈avoir の直説法現在＋過去分詞〉の形になる。

・用法：過去のある時点に行われた動作や、過去において完了した行為を表わす。

Hier, j'**_ai visité_** le musée.　　　　Vous n'**_avez pas fini_** vos devoirs ?

Leçon 10

① **命令法**：「〜しなさい、〜しましょう、〜してください」

・直説法現在形の tu, nous, vous の活用形から作る（être, avoir は独自の形）。-er で終わる動詞の 2 人称単数形については、活用形の語尾から s をとる。

	chanter	aller	être	avoir
tu	**chante**	**va**	**sois**	**aie**
nous	**chantons**	**allons**	**soyons**	**ayons**
vous	**chantez**	**allez**	**soyez**	**ayez**

_Va_ à l'école !

Marchons vite !

Tournez à gauche !

② **代名動詞**

・つねに再帰代名詞 se (s') をともなう。再帰代名詞は、主語の人称に応じて変化する。

Tous les jours, je **_me lève_** à six heures.　　　Vous **_vous appelez_** comment ?

se lever（起きる）				s'appeler（〜という名前である）			
je	**me lève**	nous	**nous levons**	je	**m'appelle**	nous	**nous appelons**
tu	**te lèves**	vous	**vous levez**	tu	**t'appelles**	vous	**vous appelez**
il / elle	**se lève**	ils / elles	**se lèvent**	il / elle	**s'appelle**	ils / elles	**s'appellent**

③ **直説法複合過去（2）**

・「往来・発着・出入・昇降・生死」など、移動や変化を表わす一部の自動詞は、〈être の直説法現在＋過去分詞〉の形になる。過去分詞はつねに主語の性・数に一致する。

Marie Curie **_est née_** en 1867, et elle **_est morte_** en 1934.

Ils **_sont partis_** le matin, et ils **_sont arrivés_** à midi.

· 代名動詞は、〈se (s') + être の直説法現在＋過去分詞〉の形になる。se (s') が直接目的のとき、過去分詞は主語の性・数に一致する。

　　　Elle *s'est habillée*. （s' は直接目的）
　　　Elle *s'est lavé* la figure. （s' は間接目的で、la figure は直接目的）

Leçon 11

① 疑問形容詞 quel

	単数	複数
男性	**quel**	**quels**
女性	**quelle**	**quelles**

· 形容詞として：「どんな〜？」
　　Quelle heure est-il ?　　　　　– Il est cinq heures.
· être の属詞として：「〜は何ですか？」
　　Quelles sont ces fleurs ?　　　– Ce sont des roses.

② 直説法単純未来

· 活用
　語尾：右図の通り（すべての動詞に共通）。
　語幹：-er 動詞は直説法現在の 1 人称単数形を語幹とし、-ir 動詞と -re 動詞の多くは、不定法から -r または -re をとった形を語幹とする。それ以外の動詞は不規則な語幹をもつ。

je (j')	**-rai**	nous	**-rons**
tu	**-ras**	vous	**-rez**
il / elle	**-ra**	ils / elles	**-ront**

ex) chanter (je <u>chante</u>)　　　　→ je **chanterai**, tu **chanteras**, ...
　　finir (fini)　　　　　　　　→ je **finirai**, tu **finiras**, ...
　　prendre (prend)　　　　　　→ je **prendrai**, tu **prendras**, ...
　　aller（不規則：ir-）　　　　→ j'**irai**, tu **iras**, ...
　　voir（不規則：ver-）　　　　→ je **verrai**, tu **verras**, ...

· 用法：未来の行為や状態を表わす。
　　Demain, j'***aurai*** vingt ans.　　Tu ***viendras*** chez moi à quelle heure ?
　　S'il fait beau demain, on ***ira*** à la mer.
　　　　　　　（si ＋直説法現在〜 , 直説法単純未来…「もし〜なら、…だろう」）

Leçon 12

① 直説法半過去

· 活用：直説法現在の 1 人称複数形から -ons をとり、下図の語尾をつける。例外は être だけで、語幹が ét- となる。

je (j')	**-ais**	nous	**-ions**
tu	**-ais**	vous	**-iez**
il / elle	**-ait**	ils / elles	**-aient**

ex) marcher (nous <u>march</u>ons)
　　　　　　　　　　　　　　　→ je **marchais**, tu **marchais**,...
　　prendre (nous <u>pren</u>ons)　　→ je **prenais**, tu **prenais**, ...
　　avoir (nous <u>av</u>ons)　　　　→ j'**avais**, tu **avais**, ...
　　être（例外：ét-）　　　　　→ j'**étais**, tu **étais**, ...

· 用法：過去に進行中の動作、過去の状態、過去の習慣的行為を表わす。
　　Hier, j'***avais*** de la fièvre toute la journée.
　　Pendant les vacances, je ***me levais*** à dix heures tous les jours.

② 否定の表現

ne ～ pas	～ない	Il *n'*a *pas* de frères.
ne ～ personne	誰も～ない	Il *n'*y a *personne* ici.
ne ～ rien	何も～ない	Je *n'*ai *rien* mangé ce matin.
ne ～ jamais	けっして～ない	Elle *ne* mange *jamais* de viande.
ne ～ nulle part	どこにも～ない	Je *ne* vais *nulle part*.

Leçon 13

① 接続法現在

・活用：原則として、直説法現在の 3 人称複数形から -ent を
とり、右図の語幹をつける。ただし、nous と vous だけは、語幹・
語尾ともに直説法半過去と同じ形をとる。

je (j')	-e	nous	-ions
tu	-es	vous	-iez
il / elle	-e	ils / elles	-ent

ex) aimer (ils <u>aim</u>ent)　　　　→ j'**aime**, tu **aimes**, ...
　　finir (ils <u>finiss</u>ent)　　　　→ je **finisse**, tu **finisses**, ...
　　prendre (ils <u>prenn</u>ent)　　→ je **prenne**, tu **prennes**, ...

◆ 以下のように、特殊な語尾をもつ動詞もある。

aller　　　→ j'**aille**, ... nous **allions**, vous **alliez**, ils **aillent**.

nous と vous を除いて特殊な語幹をもつ

vouloir　→ je **veuille**, ... nous **voulions**, vous **vouliez**, ils **veuillent**.

faire　　　→ je **fasse** ... nous **fassions** ... ils **fassent**.　　全人称に共通して特殊な語幹をもつ

pouvoir　→ je **puisse** ... nous **puissions** ... ils **puissent**.

savoir　　→ je **sache** ... nous **sachions** ... ils **sachent**.

avoir　　　→ j'**aie**, tu **aies**, il **ait**, nous **ayons**, vous **ayez**, ils **aient**. 特殊な語幹と語尾をもつ

être　　　→ je **sois**, tu **sois**, il **soit**, nous **soyons**, vous **soyez**, ils **soient**.

・用法：主節が願望・意志・感情・必要・可能などを表わすときに使う

Je veux que tu *viennes* tout de suite.（願望）
Il faut que tu *travailles* beaucoup.（必要）
Nous sommes contents qu'il *aille* mieux.（感情）

② 接続法過去

・活用：〈avoir または être の接続法現在＋過去分詞〉。助動詞の選択および過去分詞の性数一致
については、複合過去に準じる。

・用法：完了した動作・出来事を示すが、用法は接続法現在と同じ。

Je suis content que tu *aies passé* de bonnes vacances.（感情）
C'est dommage que vous n'*ayez* pas *visité* le château de Versailles.（感情）

単語リスト

A

à　〜に、〜で、〜へ　*être à 〜*　〜のものだ

accord　男　賛同、合意　*D'accord.*　了解です。

acheter　買う

acteur (*trice*)　俳優（女優）

adorer　〜が大好きだ

adulte　大人

agréable　快適な

aimer　好きである、愛する

aîné(*e*)　年上の

Allemagne　女　ドイツ

allemand　男　ドイツ語

allemand(*e*)　ドイツ人、ドイツの

aller　行く　*aller* ＋動詞　〜するところだ
　y aller　立ち去る

allô　（電話で）もしもし

alors　それなら

alphabet　男　アルファベット

américain(*e*)　アメリカ人、アメリカの

ami(*e*)　友達

anglais　男　英語

anglais(*e*)　イギリス人、イギリスの

Angleterre　女　イギリス

animal, aux　男　動物

année　女　年

anniversaire　男　誕生日

août　男　8月

appeler　呼ぶ、電話をする
　s'appeler　〜という名前だ

appli　女　アプリ（＝ application）

après　〜の後で、その後で

après-midi　男　午後

arbre　男　木

argent　男　お金

arrêt　男　停留所

arriver　到着する、（事件などが）起こる

asseoir → s'asseoir　座る

atelier　男　仕事場、アトリエ

aussi　〜もまた

automne　男　秋

avant　〜の前に、〜の前で

avec　〜と一緒に、〜をもった、〜のついた

avion　男　飛行機

avoir　持つ、持っている

avril　男　4月

B

ballet　男　バレエ

banque　女　銀行

bate*au, aux*　男　船

beau (*belle*)　美しい
　Il fait beau.　天気が良い。

beaucoup　たくさん、とても
　beaucoup de 〜　たくさんの〜

bébé　赤ん坊

bibliothèque　女　図書館

bien　よく、上手に

bientôt　まもなく
　À bientôt.　また近いうちに。

bière　女　ビール

billet　男　切符、券

bizarre　おかしな、へんな

blan*c*(*che*)　白い

bleu(*e*)　青い

boire　飲む

bon　よし、さて　*Ah bon ?*　ああそう？

bon(*ne*)　よい、おいしい

bonjour　こんにちは、おはよう

bonsoir　こんばんは

Bordeaux　ボルドー

boulang*er*(*ère*)　パン職人

boulangerie　女　パン屋

boutique　女　小売店

bras　男　腕

bravo　すごいね

brosser → se brosser les dents　歯を磨く

bus 男 バス

C

ça これ、それ、あれ　*Ça y est.*　よしできた。

cadeau 男 プレゼント

café 男 コーヒー、喫茶店

cahier 男 ノート

camembert 男 カマンベール

campagne 女 田舎

camping 男 キャンプ

cas 男 場合、ケース　*en tout cas*　とにかく

casquette 女 キャップ、野球帽

ce (cet, cette, ces) この、その、あの

ce これは、それは、あれは

　C'est ~ .　これ／それ／あれは~だ。

　Ce sont ~ .　これら／それら／あれらは~だ。

centre-ville 男 中心街

chance 女 幸運

　Je n'ai pas de chance.　ついていない。

changer 変える

chanson 女 歌

chanter 歌う

chat 男 猫

château 男 城

chaud 男 暑さ　*avoir chaud*　暑く感じる

chaussures 女・複 靴

chef 男 長、リーダー、シェフ

chemise 女 シャツ

cheval 男 馬

chez ~の家に、~の店に

chien 男 犬

Chine 女 中国

chinois 男 中国語

chinois(e) 中国人、中国の

chocolat 男 チョコレート

ciné 男 （話）映画館

cinéma 男 映画館

cinq 5つの、5人の

cinquième 5番目の

combien いくら、いくつ

comme ~のように、なんて~だろう！

commencer 始まる、始める

comment どのように、どんな

connaître 知っている

content(e) 満足だ

continuer 続ける、進み続ける

Corée du Sud 女 韓国

coréen 男 韓国語

coréen(ne) 韓国人の、韓国の

côté 男 側面　*à côté de* ~ ~のそばに

coucher → se coucher 寝る

coucou やあ

coup 男 打撃　*coup d'État*　クーデター

courir 走る

cours 男 授業、大通り

　cours Charlemagne　シャルルマーニュ大通り

courses 女・複 買い物

cousin(e) 従兄弟（従姉妹）

crayon 男 鉛筆

crème 女 クリーム

crêpe 女 クレープ

croire 思う

croissant 男 クロワッサン

cuisine 女 料理

cuisini*er*(*ère*) 料理人

D

dans ~の中に、~後に

danser ダンスをする

date 女 日付

de ~の、~から

décembre 男 12月

déjeuner 男 昼食

demain 明日　*À demain.*　また明日。

demander 求める

demi （~ et demi）~半

dent 女 歯

dentiste　歯医者

depuis　〜から、〜以来

derni*er(ère)*　最後の、最近の

des　いくつかの、いく人かの

descendre　降りる

désolé(*e*)　申し訳ない、残念だ

dessin　男 デッサン

dessiner　絵を描く

deux　2つの、2人の

deuxième　2番目の

devant　〜の前に

devenir　〜になる

devoir　〜しなければならない

devoir　男 宿題

difficile　難しい

dimanche　男 日曜日

dîner　夕食をとる

dire　言う　*dis-moi*　ねえ
　　Ça te dit ?　どうですか？

dix　10の、10人の

dixième　10番目の

docteur　男 医師

dommage　男 残念なこと
　　[*C'est*] *dommage.*　残念だ。

droit / tout droit　まっすぐに

droite　女 右、右側　*à droite*　右側に

du (de la, de l')　いくらかの

endormir → s'endormir　眠りにつく

enfant　子供　*enfant unique*　一人っ子

enseigner　教える

ensemble　一緒に、同時に

entre (A et B)　（AとBの）間に

entrer　入る

envier　（〜を）うらやましがる

équipe　女 チーム

escalier　男 階段

Espagne　女 スペイン

espagnol　男 スペイン語

espagnol(*e*)　スペイン人、スペインの

est　男 東

est-ce que　（疑問文を導く）〜か？

et　そして、〜と

États-Unis　男・複 アメリカ合衆国

été　男 夏

étoile　女 星

étrang*er(ère)*　外国人

être　〜である、いる

être en train de 〜　〜している最中である

étude　女 勉強

étudiant(e)　学生

étudier　勉強する

eux　彼ら（強勢形）

examen　男 試験

exercice　男 練習問題

E

eau　女 水

échecs　男・複 チェス

école　女 学校

écouter　聞く

église　女 教会

élève　生徒

elle(elles)　彼女は、それは（彼女たちは、それらは）

en　〜で、〜に

en　そこから

F

fac　女 （話）大学

face　女 正面　*en face*　真向かいに

facile　簡単な

faim　女 空腹　*avoir faim*　空腹だ

faire　する、作る

fait　男 こと、事実　*au fait*　ところで

falloir　*il faut que* ＋接続法　〜しなければならない

famille　女 家族

fatigué(*e*)　疲れた

femme 女 女、妻
février 男 2月
fièvre 女 熱 *avoir de la fièvre* 熱がある
figure 女 顔
fille 女 女子、娘
film 男 映画
fils 男 息子
finir 終わる、終える
fleur 女 花
flûte 女 フルート
foie 男 肝臓 *foie gras* フォアグラ
fois 女 回、度
foot 男 サッカー
forêt 女 森
français 男 フランス語
français(*e*) フランス人、フランスの
France 女 フランス
frère 男 兄弟
froid 男 寒さ *avoir froid* 寒く感じる
fromage 男 チーズ
fruit 男 果物

G

gagner 勝つ
garçon 男 男子
gare 女 駅
gâteau 男 ケーキ
gauche 女 左、左側 *à gauche* 左側に
génial(*e*) すばらしい、すごい
gentil(*le*) 親切な
gomme 女 消しゴム
gourmet 男 グルメ
goût 男 味
grand(*e*) 大きい
grand-mère 女 祖母
grand-père 男 祖父
gratin 男 グラタン
gratuit(*e*) 無料の
groupe 男 グループ

guitare 女 ギター
gymnase 男 体育館

H

habiller → s'habiller 服を着る
habiter （à ～ に）住む
heure 女 時間、時刻
　à l'heure 時間通りに
　À tout à l'heure. またあとで。
hier 昨日
hiver 男 冬
hmm ふぅん
homme 男 男
hôpital 男 病院
hôtel 男 ホテル
huit 8つの、8人の
huitième 8番目の

I

ici ここ
il (ils) 彼は、それは（彼らは、それらは）
il y a ～がある
intelligent(*e*) 頭のよい
intéressant(*e*) 面白い
inviter 招待する
Italie 女 イタリア
italien 男 イタリア語
italien(*ne*) イタリア人、イタリア語の

J

jamais （ne とともに）けっして～ない
jambe 女 脚
janvier 男 1月
Japon 男 日本
japonais 男 日本語
japonais(*e*) 日本人、日本の
jaune 黄色の
je 私は
jeu vidéo 男 ビデオゲーム

jeudi 男 木曜日

jeune 若い

joli(*e*) きれいな

jouer 遊ぶ

 jouer à ＋定冠詞＋スポーツなど　〜で遊ぶ

 jouer de ＋定冠詞＋楽器　〜を弾く

jour 男 1日、日　*tous les jours*　毎日

journal 男 新聞

journée 女 1日、昼間

 toute la journée　一日中

juillet 男 7月

juin 男 6月

jupe 女 スカート

jusqu'à 〜まで

juste ちょうど

justement ちょうど、まさに

L

là そこ

là-bas あちらに

lait 男 牛乳、ミルク

 café au lait　カフェオレ

lampe 女 電灯、ランプ

laver → se laver 体を洗う、自分の〜を洗う

le (la, les) その、あの、〜というもの

le (la, les) 彼（女）を、彼（女）らを、それ（ら）を

leçon 女 課、レッスン

légumes 男・複 野菜

lent(*e*) 遅い

lessive 女 洗濯

leur (le / la) 彼らのもの、彼女らのもの

leur(s) 彼らの、彼女らの

lever → se lever 起きる

librairie 女 本屋

libre 自由な、暇な

lion(*ne*) ライオン

lire 読む

lit 男 ベッド

livre 男 本

---

loin 遠い

Londres ロンドン

lui 彼（強勢形）

lundi 男 月曜日

lunettes 女・複 メガネ

Lyon リヨン

lyonnais(*e*) リヨンの人、リヨンの

M

madame （既婚女性に対する）〜さん

magasin 男 店

mai 男 5月

main 女 手

maintenant 今

mais しかし、でも

maison 女 家

mal 男 痛み　*avoir mal à 〜*　〜が痛い

malade 病人、病気の

 tomber malade　病気になる

maladie 女 病気

manger 食べる

marcher 歩く　*Ça marche.*　了解です。

mardi 男 火曜日

mari 男 夫

marrant 面白い

mars 男 3月

match 男 試合

matin 男 朝

mauvais(*e*) 悪い

 Il fait mauvais.　天気が悪い。

méchant(*e*) 意地悪な

médecin 男 医者

médicament 男 薬

médiéval(*e*) 中世の

meilleur(*e*) （bon の優等比較級）より良い

même 〜さえ

ménage 男 家事、掃除

menu 男 定食

mer 女 海

merci (beaucoup)　ありがとう

   Non merci.　結構です。

mercredi　男　水曜日

mère　女　母

midi　男　正午（午後 0 時）

mien (le 〜), mienne (la 〜)　私のもの

mieux　（bien の優等比較級）より良く

minuit　男　真夜中（午前 0 時）

minute　女　分

moi　私（強勢形）

moins　マイナス

   moins ＋形容詞（副詞）　より少なく〜

mois　男　月

mon (ma, mes)　私の

monde　男　世界

monsieur　〜氏、（男性に対する）〜さん

montagne　女　山

monter　登る

mourir　死ぬ

musée　男　美術館

musique　女　音楽

N

nager　泳ぐ

naître　生まれる

neiger　*Il neige.*　雪が降っている。

nettoyer　掃除する

neuf　9 つの、9 人の

neuvième　9 番目の

nez　男　鼻

Noël　男　クリスマス

noir(*e*)　黒い

nombre　男　数

non　いいえ（否定の答え）

nord　男　北

nôtre (le 〜 / la 〜)　私たちのもの

notre (nos)　私たちの

nous　私たちは

nouveau (*nouvelle*)　新しい

Nouvelle - Aquitaine　女　ヌーヴェル・アキ
テーヌ地方

novembre　男　11 月

nuage　男　雲

nuit　女　夜

   Bonne nuit.　おやすみ。

nulle part　（ne とともに）どこにも〜ない

O

O.K.　わかった、いいよ

obéir　（à 〜に）従う

objet　男　物体

octobre　男　10 月

offrir　贈る

oiseau　男　鳥

on　人は、誰かが、私たちは、私は

oncle　男　おじ

où　どこに、どこへ　*d'où*　どこから

ou　または、あるいは

ouest　男　西

oui　はい（肯定の答え）

P

pain　男　パン

pantalon　男　パンツ

par　〜を通って、〜によって、〜ずつ

parc　男　公園

parce que　なぜなら〜、〜だから

pardon　すみません

parents　男・複　両親、父母

parfait(*e*)　完璧な、完全な

parfois　たまに

parfum　男　香水

Paris　パリ

parisien(*ne*)　パリの人、パリの

parler　話す

partie　女　部分

   faire partie de 〜　〜の一部をなす

partir　出かける

pas （ne とともに）〜ない

passer　通る、過ごす

passe-temps　男 趣味

pâtisserie　ケーキ屋

pâtissi*er*(*ère*)　ケーキ職人

payant(*e*)　有料の

pêcher　（魚を）釣る

pendant　〜の間

perdre　負ける、失う

perdu(*e*)　道に迷った

père　男 父

Perrache　ペラーシュ駅（トラムの停留場）

personne (ne 〜 personne)　誰も〜ない

petit　小さい

petit-déjeuner　男 朝食

peur　女 恐怖

　avoir peur que ＋接続法　〜を恐れている

photo　女 写真

pied　男 足　*à pied*　徒歩で

piéton(*ne*)　歩行者専用の

piment　男 トウガラシ

piscine　女 プール

plage　女 浜辺

plaire　（à 〜の）気に入る

　s'il vous plaît　どうぞ、おねがいします

pleuvoir　*Il pleut.*　雨が降っている。

plus　プラス

　plus ＋形容詞（副詞）　より多く〜

　en plus　それに、さらに

poisson　男 魚

poste　女 郵便局

pot　男 壺　*pot au feu*　ポトフ

potage　男 ポタージュ

pour　〜のために、〜のための、〜するために

pourquoi　なぜ、どうして

pouvoir　〜できる

pratique　便利な

premi*er*(*ère*)　最初の、一番目の

prendre　食べる、飲む、乗る、（写真などを）

とる、（道を）進む、着る

près　近い

prier　お願いする

　je t'en prie / *je vous en prie*　どういたしまして

printemps　男 春

problème　男 問題

　Pas de problème.　問題ない。

prochain(*e*)　次の、今度の

professeur　先生

promener → se promener　散歩する

Pusan　釜山

Q

qu'est-ce que　何を、何

qu'est-ce qui　何が

quai　男 川岸

quand　いつ

quart　男 15 分　*moins le quart*　15 分前

quartier　通り、界隈

quatre　4 つの、4 人の

quatrième　4 番目の

que　何を

quel (quelle)　どんな、何

　Quelle heure est-il ?　何時ですか？

　Quel temps fait-il ?　どんな天気ですか？

quelque　いくつかの　*quelque chose*　何か

quenelle　女 クネル

qui　誰

quoi　何　*Pas de quoi.*　どういたしまして。

R

rapide　速い

rarement　まれに

ratatouille　女 ラタトゥイユ

recette　女 レシピ

regarder　見る

rentrer　帰宅する、戻る

repas　男 食事

répondre　（à 〜に）答える、返答する

restaurant 男 レストラン

rester 居残る

resto 男 (話) レストラン

réussir （à ～に）成功する、合格する

réveiller → se réveiller 目覚める

revenir 戻る、帰って来る

revoir 男 再会 *Au revoir.* さようなら。

riche 金持ちの

rien （ne とともに）何も～ない
De rien. どういたしまして。
Ça ne fait rien. 大したことではありません。

rivière 女 川

robe 女 ワンピース、ドレス

rock 男 ロック（音楽）

rose 女 バラ

rouge 赤い

rue 女 通り、街路

S

salade 女 サラダ

salle 女 室、ホール *salle de bain* 浴室

salut （親しい人に）やあ

samedi 男 土曜日

Saône 女 ソーヌ川

savoir 知っている、～できる

Seine 女 セーヌ川

semaine 女 週

sentir → se sentir bien [mal] 気分が良い
[悪い]

sept 7つの、7人の

septembre 男 9月

septième 7番目の

sérieux(euse) まじめな

serveur(euse) ウェイター

si もし～なら

sien (le ～), sienne (la ～) 彼のもの、彼女
のもの

six 6つの、6人の

sixième 6番目の

ski 男 スキー

sœur 女 姉妹

soif 女 渇き *avoir soif* のどが渇いた

soin 男 世話、手当て
Prends soin de toi. お大事にしてね。

soir 男 夕方、晩

soleil 男 太陽

son (sa, ses) 彼の、彼女の

sortir 出る

soupe 女 スープ

souvent しばしば
très souvent しょっちゅう

spécialité 女 名物料理

sport 男 スポーツ

sportif(ve) スポーツ好きの

statue 女 立像、彫像

stylo 男 ペン

sucre 男 砂糖

sud 男 南

super すごい、すばらしい

supermarché 男 スーパー

sûr(e) 確かな、確実な *Bien sûr.* もちろん。

surtout とくに

sympa 感じのいい、好ましい

T

table 女 テーブル、机

Taïwan 台湾

tante 女 おば

tard 遅く *plus tard* あとで

taxi 男 タクシー

télé 女 テレビ

téléphone 男 電話

téléphoner （à ～に）電話する

temps 男 時間、天気
de temps en temps 時々

tennis 男 テニス

tête 女 頭

thé 男 お茶

tien (le 〜), tienne (la 〜)　君のもの、あな
　たのもの
toi　君、あなた（強勢形）
toilettes　女・複 トイレ
tomber　落ちる
ton (ta, tes)　君の
tôt　早く
Tour Eiffel　女 エッフェル塔
tourner　曲がる
tout(e)　*À toute.* またあとで。
train　男 電車
tram　男 トラム（路面電車）
travail　男 仕事、仕事場
très　とても、非常に
triathlon　男 トライアスロン
triste　悲しい
trois　3つの、3人の
troisième　3番目の
trop　あまりに〜すぎる
trouver　見つける
truffe　女 トリュフ
T-shirt　男 Tシャツ
tu　君は、あなたは

U

un(e)　ひとつの、ひとりの、ある〜
université　女 大学

V

vacances　女・複 ヴァカンス
vaisselle　女 皿洗い
vélo　男 自転車、サイクリング
vend*eur*(*euse*)　店員
vendre　売る
vendredi　男 金曜日
venir　来る、出身である

venir de ＋動詞　〜したばかりだ
vent　男 風
ventre　男 お腹
vers　〜頃に、〜の方に
vert(e)　緑の
veste　女 上着、ジャケット
vêtement　男 衣服
viande　女 肉
vieux (*vieille*)　古い、老いた
vin　男 ワイン
visiter　訪れる
vivre　生活する、生きる
voici 〜　ここに〜がある
voilà 〜　あそこに〜がある
voir　見る、見える、会う　se voir　会う
voisin(e)　隣人
voiture　女 車
voix　女 声
vôtre (le 〜 / la 〜)　あなた（たち）のもの
votre (vos)　あなた（たち）の
vouloir　〜したい
　vouloir que ＋接続法　〜してほしい
vous　あなた（たち）は
voyager　旅行する
vrai(e)　本当の
vraiment　本当に

W

week-end　男 週末

Y

y　そこに、そこで

Z

zéro　ゼロ

著者紹介
ローラン・マソン（Laurent Masson）
イラストレーター、バンド・デシネ作家

久保田剛史（くぼた・たけし）
青山学院大学教授
著書に *Montaigne lecteur de la Cité de Dieu d'Augustin*、『徹底整理
フランス語動詞活用 55』（共著、白水社）、編著書に『モンテーニュ
の言葉　人生を豊かにする 365 の名言』（白水社）、訳書に L・ドヴィ
レール『思想家たちの 100 の名言』、T・レーマー『100 語でわかる
旧約聖書』（白水社）など。

久保田ソフィ（Sophie Kubota）
フランス語通訳
「フランス語でインタビューを聞いてみよう」連載（雑誌『ふらんす』
2017-2019）

セ・パルフェ！

2023 年 2 月 1 日　印刷
2023 年 2 月 10 日　発行

ローラン・マソン
著　者 © 久 保 田　剛　史
久 保 田 ソ フ ィ
発行者　　及　川　直　志
印刷所　　株式会社　三秀舎

101-0052 東京都千代田区神田小川町 3 の 24
電話 03-3291-7811（営業部），7821（編集部）
発行所　　　　　　　　　　　　　　　　　　株式会社　白水社
www.hakusuisha.co.jp
乱丁・落丁本は送料小社負担にてお取り替えいたします。

振替 00190-5-33228　　Printed in Japan　　誠製本株式会社

ISBN 978-4-560-06151-0

動 詞 活 用 表

1	avoir	18	écrire	35	pouvoir
2	être	19	employer	36	préférer
3	aimer	20	envoyer	37	prendre
4	finir	21	faire	38	recevoir
5	acheter	22	falloir	39	rendre
6	aller	23	fuir	40	résoudre
7	appeler	24	lire	41	rire
8	asseoir	25	manger	42	savoir
9	battre	26	mettre	43	suffire
10	boire	27	mourir	44	suivre
11	conduire	28	naître	45	vaincre
12	connaître	29	ouvrir	46	valoir
13	courir	30	partir	47	venir
14	craindre	31	payer	48	vivre
15	croire	32	placer	49	voir
16	devoir	33	plaire	50	vouloir
17	dire	34	pleuvoir		

不定法	直　説　法			

① avoir

現在分詞
ayant

過去分詞
eu [y]

現　在	半　過　去	単純過去	単純未来
j' **ai** [e]	j' **avais**	j' **eus** [y]	j' **aurai**
tu **as**	tu **avais**	tu **eus**	tu **auras**
il **a**	il **avait**	il **eut**	il **aura**
nous **avons**	nous **avions**	nous **eûmes**	nous **aurons**
vous **avez**	vous **aviez**	vous **eûtes**	vous **aurez**
ils **ont**	ils **avaient**	ils **eurent**	ils **auront**

複合過去	大　過　去	前　過　去	前　未　来
j' ai eu	j' avais eu	j' eus eu	j' aurai eu
tu as eu	tu avais eu	tu eus eu	tu auras eu
il a eu	il avait eu	il eut eu	il aura eu
nous avons eu	nous avions eu	nous eûmes eu	nous aurons eu
vous avez eu	vous aviez eu	vous eûtes eu	vous aurez eu
ils ont eu	ils avaient eu	ils eurent eu	ils auront eu

② être

現在分詞
étant

過去分詞
été

現　在	半　過　去	単純過去	単純未来
je **suis**	j' **étais**	je **fus**	je **serai**
tu **es**	tu **étais**	tu **fus**	tu **seras**
il **est**	il **était**	il **fut**	il **sera**
nous **sommes**	nous **étions**	nous **fûmes**	nous **serons**
vous **êtes**	vous **étiez**	vous **fûtes**	vous **serez**
ils **sont**	ils **étaient**	ils **furent**	ils **seront**

複合過去	大　過　去	前　過　去	前　未　来
j' ai été	j' avais été	j' eus été	j' aurai été
tu as été	tu avais été	tu eus été	tu auras été
il a été	il avait été	il eut été	il aura été
nous avons été	nous avions été	nous eûmes été	nous aurons été
vous avez été	vous aviez été	vous eûtes été	vous aurez été
ils ont été	ils avaient été	ils eurent été	ils auront été

③ aimer

現在分詞
aimant

過去分詞
aimé

**第1群
規則動詞**

現　在	半　過　去	単純過去	単純未来
j' **aime**	j' **aimais**	j' **aimai**	j' **aimerai**
tu **aimes**	tu **aimais**	tu **aimas**	tu **aimeras**
il **aime**	il **aimait**	il **aima**	il **aimera**
nous **aimons**	nous **aimions**	nous **aimâmes**	nous **aimerons**
vous **aimez**	vous **aimiez**	vous **aimâtes**	vous **aimerez**
ils **aiment**	ils **aimaient**	ils **aimèrent**	ils **aimeront**

複合過去	大　過　去	前　過　去	前　未　来
j' ai aimé	j' avais aimé	j' eus aimé	j' aurai aimé
tu as aimé	tu avais aimé	tu eus aimé	tu auras aimé
il a aimé	il avait aimé	il eut aimé	il aura aimé
nous avons aimé	nous avions aimé	nous eûmes aimé	nous aurons aimé
vous avez aimé	vous aviez aimé	vous eûtes aimé	vous aurez aimé
ils ont aimé	ils avaient aimé	ils eurent aimé	ils auront aimé

④ finir

現在分詞
finissant

過去分詞
fini

**第2群
規則動詞**

現　在	半　過　去	単純過去	単純未来
je **finis**	je **finissais**	je **finis**	je **finirai**
tu **finis**	tu **finissais**	tu **finis**	tu **finiras**
il **finit**	il **finissait**	il **finit**	il **finira**
nous **finissons**	nous **finissions**	nous **finîmes**	nous **finirons**
vous **finissez**	vous **finissiez**	vous **finîtes**	vous **finirez**
ils **finissent**	ils **finissaient**	ils **finirent**	ils **finiront**

複合過去	大　過　去	前　過　去	前　未　来
j' ai fini	j' avais fini	j' eus fini	j' aurai fini
tu as fini	tu avais fini	tu eus fini	tu auras fini
il a fini	il avait fini	il eut fini	il aura fini
nous avons fini	nous avions fini	nous eûmes fini	nous aurons fini
vous avez fini	vous aviez fini	vous eûtes fini	vous aurez fini
ils ont fini	ils avaient fini	ils eurent fini	ils auront fini

条　件　法	接　　続　　法		命　令　法

現　　在	現　　在	半　過　去	
j' aurais	j' aie [ε]	j' eusse	
tu aurais	tu aies	tu eusses	aie
il aurait	il ait	il eût	
nous aurions	nous ayons	nous eussions	ayons
vous auriez	vous ayez	vous eussiez	ayez
ils auraient	ils aient	ils eussent	

過　　去	過　　去	大　過　去	
j' aurais eu	j' aie eu	j' eusse eu	
tu aurais eu	tu aies eu	tu eusses eu	
il aurait eu	il ait eu	il eût eu	
nous aurions eu	nous ayons eu	nous eussions eu	
vous auriez eu	vous ayez eu	vous eussiez eu	
ils auraient eu	ils aient eu	ils eussent eu	

現　　在	現　　在	半　過　去	
je serais	je sois	je fusse	
tu serais	tu sois	tu fusses	sois
il serait	il soit	il fût	
nous serions	nous soyons	nous fussions	soyons
vous seriez	vous soyez	vous fussiez	soyez
ils seraient	ils soient	ils fussent	

過　　去	過　　去	大　過　去	
j' aurais été	j' aie été	j' eusse été	
tu aurais été	tu aies été	tu eusses été	
il aurait été	il ait été	il eût été	
nous aurions été	nous ayons été	nous eussions été	
vous auriez été	vous ayez été	vous eussiez été	
ils auraient été	ils aient été	ils eussent été	

現　　在	現　　在	半　過　去	
j' aimerais	j' aime	j' aimasse	
tu aimerais	tu aimes	tu aimasses	aime
il aimerait	il aime	il aimât	
nous aimerions	nous aimions	nous aimassions	aimons
vous aimeriez	vous aimiez	vous aimassiez	aimez
ils aimeraient	ils aiment	ils aimassent	

過　　去	過　　去	大　過　去	
j' aurais aimé	j' aie aimé	j' eusse aimé	
tu aurais aimé	tu aies aimé	tu eusses aimé	
il aurait aimé	il ait aimé	il eût aimé	
nous aurions aimé	nous ayons aimé	nous eussions aimé	
vous auriez aimé	vous ayez aimé	vous eussiez aimé	
ils auraient aimé	ils aient aimé	ils eussent aimé	

現　　在	現　　在	半　過　去	
je finirais	je finisse	je finisse	
tu finirais	tu finisses	tu finisses	finis
il finirait	il finisse	il finît	
nous finirions	nous finissions	nous finissions	finissons
vous finiriez	vous finissiez	vous finissiez	finissez
ils finiraient	ils finissent	ils finissent	

過　　去	過　　去	大　過　去	
j' aurais fini	j' aie fini	j' eusse fini	
tu aurais fini	tu aies fini	tu eusses fini	
il aurait fini	il ait fini	il eût fini	
nous aurions fini	nous ayons fini	nous eussions fini	
vous auriez fini	vous ayez fini	vous eussiez fini	
ils auraient fini	ils aient fini	ils eussent fini	

不定法 現在分詞 過去分詞	直　　説　　法			
	現　　在	半　過　去	単純過去	単純未来
⑤ **acheter** achetant acheté	j' achète tu achètes il achète n. achetons v. achetez ils achètent	j' achetais tu achetais il achetait n. achetions v. achetiez ils achetaient	j' achetai tu achetas il acheta n. achetâmes v. achetâtes ils achetèrent	j' achèterai tu achèteras il achètera n. achèterons v. achèterez ils achèteront
⑥ **aller** allant allé	je **vais** tu **vas** il **va** n. allons v. allez ils **vont**	j' allais tu allais il allait n. allions v. alliez ils allaient	j' allai tu allas il alla n. allâmes v. allâtes ils allèrent	j' irai tu iras il ira n. irons v. irez ils iront
⑦ **appeler** appelant appelé	j' appelle tu appelles il appelle n. appelons v. appelez ils appellent	j' appelais tu appelais il appelait n. appelions v. appeliez ils appelaient	j' appelai tu appelas il appela n. appelâmes v. appelâtes ils appelèrent	j' appellerai tu appelleras il appellera n. appellerons v. appellerez ils appelleront
⑧ **asseoir** asseyant (assoyant) assis	j' assieds [asje] tu assieds il assied n. asseyons v. asseyez ils asseyent j' assois tu assois il assoit n. assoyons v. assoyez ils assoient	j' asseyais tu asseyais il asseyait n. asseyions v. asseyiez ils asseyaient j' assoyais tu assoyais il assoyait n. assoyions v. assoyiez ils assoyaient	j' assis tu assis il assit n. assîmes v. assîtes ils assirent	j' assiérai tu assiéras il assiéra n. assiérons v. assiérez ils assiéront j' assoirai tu assoiras il assoira n. assoirons v. assoirez ils assoiront
⑨ **battre** battant battu	je bats tu bats il bat n. battons v. battez ils battent	je battais tu battais il battait n. battions v. battiez ils battaient	je battis tu battis il battit n. battîmes v. battîtes ils battirent	je battrai tu battras il battra n. battrons v. battrez ils battront
⑩ **boire** buvant bu	je bois tu bois il boit n. buvons v. buvez ils boivent	je buvais tu buvais il buvait n. buvions v. buviez ils buvaient	je bus tu bus il but n. bûmes v. bûtes ils burent	je boirai tu boiras il boira n. boirons v. boirez ils boiront
⑪ **conduire** conduisant conduit	je conduis tu conduis il conduit n. conduisons v. conduisez ils conduisent	je conduisais tu conduisais il conduisait n. conduisions v. conduisiez ils conduisaient	je conduisis tu conduisis il conduisit n. conduisîmes v. conduisîtes ils conduisirent	je conduirai tu conduiras il conduira n. conduirons v. conduirez ils conduiront

条 件 法	接 続 法		命 令 法	同 型
現 在	現 在	半 過 去		
j' achèterais tu achèterais il achèterait n. achèterions v. achèteriez ils achèteraient	j' achète tu achètes il achète n. achetions v. achetiez ils achètent	j' achetasse tu achetasses il achetât n. achetassions v. achetassiez ils achetassent	achète achetons achetez	achever lever mener promener soulever
j' irais tu irais il irait n. irions v. iriez ils iraient	j' **aille** tu **aille**s il **aille** n. allions v. alliez ils **aille**nt	j' allasse tu allasses il allât n. allassions v. allassiez ils allassent	**va** allons allez	
j' appellerais tu appellerais il appellerait n. appellerions v. appelleriez ils appelleraient	j' appelle tu appelles il appelle n. appelions v. appeliez ils appellent	j' appelasse tu appelasses il appelât n. appelassions v. appelassiez ils appelassent	appelle appelons appelez	jeter rappeler
j' assiérais tu assiérais il assiérait n. assiérions v. assiériez ils assiéraient	j' asseye [asɛj] tu asseyes il asseye n. asseyions v. asseyiez ils asseyent	j' assisse tu assisses il assît n. assissions v. assissiez ils assissent	assieds asseyons asseyez	囲 主として代 名動詞s'asseoir で使われる.
j' assoirais tu assoirais il assoirait n. assoirions v. assoiriez ils assoiraient	j' assoie tu assoies il assoie n. assoyions v. assoyiez ils assoient		assois assoyons assoyez	
je battrais tu battrais il battrait n. battrions v. battriez ils battraient	je batte tu battes il batte n. battions v. battiez ils battent	je battisse tu battisses il battît n. battissions v. battissiez ils battissent	bats battons battez	abattre combattre
je boirais tu boirais il boirait n. boirions v. boiriez ils boiraient	je boive tu boives il boive n. buvions v. buviez ils boivent	je busse tu busses il bût n. bussions v. bussiez ils bussent	bois buvons buvez	
je conduirais tu conduirais il conduirait n. conduirions v. conduiriez ils conduiraient	je conduise tu conduises il conduise n. conduisions v. conduisiez ils conduisent	je conduisisse tu conduisisses il conduisît n. conduisissions v. conduisissiez ils conduisissent	conduis conduisons conduisez	construire détruire instruire introduire produire traduire

不定法 現在分詞 過去分詞	直　　説　　法			
	現　　在	半　過　去	単純過去	単純未来
⑫ **connaître** connaissant connu	je connais tu connais il connaît n. connaissons v. connaissez ils connaissent	je connaissais tu connaissais il connaissait n. connaissions v. connaissiez ils connaissaient	je connus tu connus il connut n. connûmes v. connûtes ils connurent	je connaîtrai tu connaîtras il connaîtra n. connaîtrons v. connaîtrez ils connaîtront
⑬ **courir** courant couru	je cours tu cours il court n. courons v. courez ils courent	je courais tu courais il courait n. courions v. couriez ils couraient	je courus tu courus il courut n. courûmes v. courûtes ils coururent	je courrai tu courras il courra n. courrons v. courrez ils courront
⑭ **craindre** craignant craint	je crains tu crains il craint n. craignons v. craignez ils craignent	je craignais tu craignais il craignait n. craignions v. craigniez ils craignaient	je craignis tu craignis il craignit n. craignîmes v. craignîtes ils craignirent	je craindrai tu craindras il craindra n. craindrons v. craindrez ils craindront
⑮ **croire** croyant cru	je crois tu crois il croit n. croyons v. croyez ils croient	je croyais tu croyais il croyait n. croyions v. croyiez ils croyaient	je crus tu crus il crut n. crûmes v. crûtes ils crurent	je croirai tu croiras il croira n. croirons v. croirez ils croiront
⑯ **devoir** devant dû, due, dus, dues	je dois tu dois il doit n. devons v. devez ils doivent	je devais tu devais il devait n. devions v. deviez ils devaient	je dus tu dus il dut n. dûmes v. dûtes ils durent	je devrai tu devras il devra n. devrons v. devrez ils devront
⑰ **dire** disant dit	je dis tu dis il dit n. disons v. dites ils disent	je disais tu disais il disait n. disions v. disiez ils disaient	je dis tu dis il dit n. dîmes v. dîtes ils dirent	je dirai tu diras il dira n. dirons v. direz ils diront
⑱ **écrire** écrivant écrit	j' écris tu écris il écrit n. écrivons v. écrivez ils écrivent	j' écrivais tu écrivais il écrivait n. écrivions v. écriviez ils écrivaient	j' écrivis tu écrivis il écrivit n. écrivîmes v. écrivîtes ils écrivirent	j' écrirai tu écriras il écrira n. écrirons v. écrirez ils écriront
⑲ **employer** employant employé	j' emploie tu emploies il emploie n. employons v. employez ils emploient	j' employais tu employais il employait n. employions v. employiez ils employaient	j' employai tu employas il employa n. employâmes v. employâtes ils employèrent	j' emploierai tu emploieras il emploiera n. emploierons v. emploierez ils emploieront

条 件 法	接 続 法		命 令 法	同 型
現　在	現　在	半 過 去		
je connaîtrais tu connaîtrais il connaîtrait n. connaîtrions v. connaîtriez ils connaîtraient	je connaisse tu connaisses il connaisse n. connaissions v. connaissiez ils connaissent	je connusse tu connusses il connût n. connussions v. connussiez ils connussent	connais connaissons connaissez	apparaître disparaître paraître reconnaître
je courrais tu courrais il courrait n. courrions v. courriez ils courraient	je coure tu coures il coure n. courions v. couriez ils courent	je courusse tu courusses il courût n. courussions v. courussiez ils courussent	cours courons courez	accourir parcourir
je craindrais tu craindrais il craindrait n. craindrions v. craindriez ils craindraient	je craigne tu craignes il craigne n. craignions v. craigniez ils craignent	je craignisse tu craignisses il craignît n. craignissions v. craignissiez ils craignissent	crains craignons craignez	atteindre éteindre joindre peindre plaindre
je croirais tu croirais il croirait n. croirions v. croiriez ils croiraient	je croie tu croies il croie n. croyions v. croyiez ils croient	je crusse tu crusses il crût n. crussions v. crussiez ils crussent	crois croyons croyez	
je devrais tu devrais il devrait n. devrions v. devriez ils devraient	je doive tu doives il doive n. devions v. deviez ils doivent	je dusse tu dusses il dût n. dussions v. dussiez ils dussent		
je dirais tu dirais il dirait n. dirions v. diriez ils diraient	je dise tu dises il dise n. disions v. disiez ils disent	je disse tu disses il dît n. dissions v. dissiez ils dissent	dis disons dites	
j' écrirais tu écrirais il écrirait n. écririons v. écririez ils écriraient	j' écrive tu écrives il écrive n. écrivions v. écriviez ils écrivent	j' écrivisse tu écrivisses il écrivît n. écrivissions v. écrivissiez ils écrivissent	écris écrivons écrivez	décrire inscrire
j' emploierais tu emploierais il emploierait n. emploierions v. emploieriez ils emploieraient	j' emploie tu emploies il emploie n. employions v. employiez ils emploient	j' employasse tu employasses il employât n. employassions v. employassiez ils employassent	emploie employons employez	aboyer nettoyer noyer tutoyer

不定法 現在分詞 過去分詞	直　説　法			
	現　　在	半 過 去	単純過去	単純未来
⑳ **envoyer** envoyant envoyé	j' envoie tu envoies il envoie n. envoyons v. envoyez ils envoient	j' envoyais tu envoyais il envoyait n. envoyions v. envoyiez ils envoyaient	j' envoyai tu envoyas il envoya n. envoyâmes v. envoyâtes ils envoyèrent	j' enverrai tu enverras il enverra n. enverrons v. enverrez ils enverront
㉑ **faire** faisant [fəzɑ̃] fait	je fais [fɛ] tu fais il fait n. faisons [fəzɔ̃] v. fai**tes** [fɛt] ils **font**	je faisais [fəzɛ] tu faisais il faisait n. faisions v. faisiez ils faisaient	je fis tu fis il fit n. fîmes v. fîtes ils firent	je ferai tu feras il fera n. ferons v. ferez ils feront
㉒ **falloir** — fallu	il faut	il fallait	il fallut	il faudra
㉓ **fuir** fuyant fui	je fuis tu fuis il fuit n. fuyons v. fuyez ils fuient	je fuyais tu fuyais il fuyait n. fuyions v. fuyiez ils fuyaient	je fuis tu fuis il fuit n. fuîmes v. fuîtes ils fuirent	je fuirai tu fuiras il fuira n. fuirons v. fuirez ils fuiront
㉔ **lire** lisant lu	je lis tu lis il lit n. lisons v. lisez ils lisent	je lisais tu lisais il lisait n. lisions v. lisiez ils lisaient	je lus tu lus il lut n. lûmes v. lûtes ils lurent	je lirai tu liras il lira n. lirons v. lirez ils liront
㉕ **manger** mangeant mangé	je mange tu manges il mange n. mangeons v. mangez ils mangent	je mangeais tu mangeais il mangeait n. mangions v. mangiez ils mangeaient	je mangeai tu mangeas il mangea n. mangeâmes v. mangeâtes ils mangèrent	je mangerai tu mangeras il mangera n. mangerons v. mangerez ils mangeront
㉖ **mettre** mettant mis	je mets tu mets il met n. mettons v. mettez ils mettent	je mettais tu mettais il mettait n. mettions v. mettiez ils mettaient	je mis tu mis il mit n. mîmes v. mîtes ils mirent	je mettrai tu mettras il mettra n. mettrons v. mettrez ils mettront
㉗ **mourir** mourant mort	je meurs tu meurs il meurt n. mourons v. mourez ils meurent	je mourais tu mourais il mourait n. mourions v. mouriez ils mouraient	je mourus tu mourus il mourut n. mourûmes v. mourûtes ils moururent	je mourrai tu mourras il mourra n. mourrons v. mourrez ils mourront

条 件 法	接 続 法		命 令 法	同 型
現　在	現　在	半 過 去		
j' enverrais tu enverrais il enverrait n. enverrions v. enverriez ils enverraient	j' envoie tu envoies il envoie n. envoyions v. envoyiez ils envoient	j' envoyasse tu envoyasses il envoyât n. envoyassions v. envoyassiez ils envoyassent	envoie envoyons envoyez	renvoyer
je ferais tu ferais il ferait n. ferions v. feriez ils feraient	je fasse tu fasses il fasse n. fassions v. fassiez ils fassent	je fisse tu fisses il fît n. fissions v. fissiez ils fissent	fais faisons faites	défaire refaire satisfaire
il faudrait	il faille	il fallût		
je fuirais tu fuirais il fuirait n. fuirions v. fuiriez ils fuiraient	je fuie tu fuies il fuie n. fuyions v. fuyiez ils fuient	je fuisse tu fuisses il fuît n. fuissions v. fuissiez ils fuissent	fuis fuyons fuyez	s'enfuir
je lirais tu lirais il lirait n. lirions v. liriez ils liraient	je lise tu lises il lise n. lisions v. lisiez ils lisent	je lusse tu lusses il lût n. lussions v. lussiez ils lussent	lis lisons lisez	élire relire
je mangerais tu mangerais il mangerait n. mangerions v. mangeriez ils mangeraient	je mange tu manges il mange n. mangions v. mangiez ils mangent	je mangeasse tu mangeasses il mangeât n. mangeassions v. mangeassiez ils mangeassent	mange mangeons mangez	changer déranger nager obliger partager voyager
je mettrais tu mettrais il mettrait n. mettrions v. mettriez ils mettraient	je mette tu mettes il mette n. mettions v. mettiez ils mettent	je misse tu misses il mît n. missions v. missiez ils missent	mets mettons mettez	admettre commettre permettre promettre remettre
je mourrais tu mourrais il mourrait n. mourrions v. mourriez ils mourraient	je meure tu meures il meure n. mourions v. mouriez ils meurent	je mourusse tu mourusses il mourût n. mourussions v. mourussiez ils mourussent	meurs mourons mourez	

不定法 現在分詞 過去分詞	直　　　説　　　法			
	現　　在	半　過　去	単純過去	単純未来
㉘ **naître** naissant né	je nais tu nais il naît n. naissons v. naissez ils naissent	je naissais tu naissais il naissait n. naissions v. naissiez ils naissaient	je naquis tu naquis il naquit n. naquîmes v. naquîtes ils naquirent	je naîtrai tu naîtras il naîtra n. naîtrons v. naîtrez ils naîtront
㉙ **ouvrir** ouvrant ouvert	j' ouvre tu ouvres il ouvre n. ouvrons v. ouvrez ils ouvrent	j' ouvrais tu ouvrais il ouvrait n. ouvrions v. ouvriez ils ouvraient	j' ouvris tu ouvris il ouvrit n. ouvrîmes v. ouvrîtes ils ouvrirent	j' ouvrirai tu ouvriras il ouvrira n. ouvrirons v. ouvrirez ils ouvriront
㉚ **partir** partant parti	je pars tu pars il part n. partons v. partez ils partent	je partais tu partais il partait n. partions v. partiez ils partaient	je partis tu partis il partit n. partîmes v. partîtes ils partirent	je partirai tu partiras il partira n. partirons v. partirez ils partiront
㉛ **payer** payant payé	je paie [pɛ] tu paies il paie n. payons v. payez ils paient - - - - - - - - - - - - je paye [pɛj] tu payes il paye n. payons v. payez ils payent	je payais tu payais il payait n. payions v. payiez ils payaient	je payai tu payas il paya n. payâmes v. payâtes ils payèrent	je paierai tu paieras il paiera n. paierons v. paierez ils paieront - - - - - - - - - - - - je payerai tu payeras il payera n. payerons v. payerez ils payeront
㉜ **placer** plaçant placé	je place tu places il place n. plaçons v. placez ils placent	je plaçais tu plaçais il plaçait n. placions v. placiez ils plaçaient	je plaçai tu plaças il plaça n. plaçâmes v. plaçâtes ils placèrent	je placerai tu placeras il placera n. placerons v. placerez ils placeront
㉝ **plaire** plaisant plu	je plais tu plais il plaît n. plaisons v. plaisez ils plaisent	je plaisais tu plaisais il plaisait n. plaisions v. plaisiez ils plaisaient	je plus tu plus il plut n. plûmes v. plûtes ils plurent	je plairai tu plairas il plaira n. plairons v. plairez ils plairont
㉞ **pleuvoir** pleuvant plu	il pleut	il pleuvait	il plut	il pleuvra

条件法	接続法		命令法	同型
現在	現在	半過去		
je naîtrais tu naîtrais il naîtrait n. naîtrions v. naîtriez ils naîtraient	je naisse tu naisses il naisse n. naissions v. naissiez ils naissent	je naquisse tu naquisses il naquît n. naquissions v. naquissiez ils naquissent	nais naissons naissez	
j' ouvrirais tu ouvrirais il ouvrirait n. ouvririons v. ouvririez ils ouvriraient	j' ouvre tu ouvres il ouvre n. ouvrions v. ouvriez ils ouvrent	j' ouvrisse tu ouvrisses il ouvrît n. ouvrissions v. ouvrissiez ils ouvrissent	ouvre ouvrons ouvrez	couvrir découvrir offrir souffrir
je partirais tu partirais il partirait n. partirions v. partiriez ils partiraient	je parte tu partes il parte n. partions v. partiez ils partent	je partisse tu partisses il partît n. partissions v. partissiez ils partissent	pars partons partez	dormir ressortir sentir servir sortir
je paierais tu paierais il paierait n. paierions v. paieriez ils paieraient	je paie tu paies il paie n. payions v. payiez ils paient	je payasse tu payasses il payât n. payassions v. payassiez ils payassent	paie payons payez	effrayer essayer
je payerais tu payerais il payerait n. payerions v. payeriez ils payeraient	je paye tu payes il paye n. payions v. payiez ils payent		paye payons payez	
je placerais tu placerais il placerait n. placerions v. placeriez ils placeraient	je place tu places il place n. placions v. placiez ils placent	je plaçasse tu plaçasses il plaçât n. plaçassions v. plaçassiez ils plaçassent	place plaçons placez	annoncer avancer commencer forcer lancer prononcer
je plairais tu plairais il plairait n. plairions v. plairiez ils plairaient	je plaise tu plaises il plaise n. plaisions v. plaisiez ils plaisent	je plusse tu plusses il plût n. plussions v. plussiez ils plussent	plais plaisons plaisez	complaire déplaire (se) taire 注 過去分詞 plu は不変
il pleuvrait	il pleuve	il plût		

不定法 現在分詞 過去分詞	直　　説　　法			
	現　　在	半　過　去	単純過去	単純未来
㉟ **pouvoir** pouvant pu	je peux (puis) tu peux il peut n. pouvons v. pouvez ils peuvent	je pouvais tu pouvais il pouvait n. pouvions v. pouviez ils pouvaient	je pus tu pus il put n. pûmes v. pûtes ils purent	je pourrai tu pourras il pourra n. pourrons v. pourrez ils pourront
㊱ **préférer** préférant préféré	je préfère tu préfères il préfère n. préférons v. préférez ils préfèrent	je préférais tu préférais il préférait n. préférions v. préfériez ils préféraient	je préférai tu préféras il préféra n. préférâmes v. préférâtes ils préférèrent	je préférerai tu préféreras il préférera n. préférerons v. préférerez ils préféreront
㊲ **prendre** prenant pris	je prends tu prends il prend n. prenons v. prenez ils prennent	je prenais tu prenais il prenait n. prenions v. preniez ils prenaient	je pris tu pris il prit n. prîmes v. prîtes ils prirent	je prendrai tu prendras il prendra n. prendrons v. prendrez ils prendront
㊳ **recevoir** recevant reçu	je reçois tu reçois il reçoit n. recevons v. recevez ils reçoivent	je recevais tu recevais il recevait n. recevions v. receviez ils recevaient	je reçus tu reçus il reçut n. reçûmes v. reçûtes ils reçurent	je recevrai tu recevras il recevra n. recevrons v. recevrez ils recevront
㊴ **rendre** rendant rendu	je rends tu rends il rend n. rendons v. rendez ils rendent	je rendais tu rendais il rendait n. rendions v. rendiez ils rendaient	je rendis tu rendis il rendit n. rendîmes v. rendîtes ils rendirent	je rendrai tu rendras il rendra n. rendrons v. rendrez ils rendront
㊵ **résoudre** résolvant résolu	je résous tu résous il résout n. résolvons v. résolvez ils résolvent	je résolvais tu résolvais il résolvait n. résolvions v. résolviez ils résolvaient	je résolus tu résolus il résolut n. résolûmes v. résolûtes ils résolurent	je résoudrai tu résoudras il résoudra n. résoudrons v. résoudrez ils résoudront
㊶ **rire** riant ri	je ris tu ris il rit n. rions v. riez ils rient	je riais tu riais il riait n. riions v. riiez ils riaient	je ris tu ris il rit n. rîmes v. rîtes ils rirent	je rirai tu riras il rira n. rirons v. rirez ils riront
㊷ **savoir** sachant su	je sais tu sais il sait n. savons v. savez ils savent	je savais tu savais il savait n. savions v. saviez ils savaient	je sus tu sus il sut n. sûmes v. sûtes ils surent	je saurai tu sauras il saura n. saurons v. saurez ils sauront

条 件 法	接 続 法		命 令 法	同 型
現 在	現 在	半 過 去		
je pourrais tu pourrais il pourrait n. pourrions v. pourriez ils pourraient	je puisse tu puisses il puisse n. puissions v. puissiez ils puissent	je pusse tu pusses il pût n. pussions v. pussiez ils pussent		
je préférerais tu préférerais il préférerait n. préférerions v. préféreriez ils préféreraient	je préfère tu préfères il préfère n. préférions v. préfériez ils préfèrent	je préférasse tu préférasses il préférât n. préférassions v. préférassiez ils préférassent	préfère préférons préférez	céder considérer espérer pénétrer posséder répéter
je prendrais tu prendrais il prendrait n. prendrions v. prendriez ils prendraient	je prenne tu prennes il prenne n. prenions v. preniez ils prennent	je prisse tu prisses il prit n. prissions v. prissiez ils prissent	prends prenons prenez	apprendre comprendre entreprendre reprendre surprendre
je recevrais tu recevrais il recevrait n. recevrions v. recevriez ils recevraient	je reçoive tu reçoives il reçoive n. recevions v. receviez ils reçoivent	je reçusse tu reçusses il reçût n. reçussions v. reçussiez ils reçussent	reçois recevons recevez	apercevoir concevoir décevoir
je rendrais tu rendrais il rendrait n. rendrions v. rendriez ils rendraient	je rende tu rendes il rende n. rendions v. rendiez ils rendent	je rendisse tu rendisses il rendit n. rendissions v. rendissiez ils rendissent	rends rendons rendez	attendre descendre entendre perdre répondre vendre
je résoudrais tu résoudrais il résoudrait n. résoudrions v. résoudriez ils résoudraient	je résolve tu résolves il résolve n. résolvions v. résolviez ils résolvent	je résolusse tu résolusses il résolût n. résolussions v. résolussiez ils résolussent	résous résolvons résolvez	
je rirais tu rirais il rirait n. ririons v. ririez ils riraient	je rie tu ries il rie n. riions v. riiez ils rient	je risse tu risses il rît n. rissions v. rissiez ils rissent	ris rions riez	sourire 注 過去分詞 ri は不変
je saurais tu saurais il saurait n. saurions v. sauriez ils sauraient	je sache tu saches il sache n. sachions v. sachiez ils sachent	je susse tu susses il sût n. sussions v. sussiez ils sussent	sache sachons sachez	

不定法 現在分詞 過去分詞	直　　説　　法			
	現　　在	半　過　去	単純過去	単純未来
㊸ **suffire** suffisant suffi	je suffis tu suffis il suffit n. suffisons v. suffisez ils suffisent	je suffisais tu suffisais il suffisait n. suffisions v. suffisiez ils suffisaient	je suffis tu suffis il suffit n. suffîmes v. suffîtes ils suffirent	je suffirai tu suffiras il suffira n. suffirons v. suffirez ils suffiront
㊹ **suivre** suivant suivi	je suis tu suis il suit n. suivons v. suivez ils suivent	je suivais tu suivais il suivait n. suivions v. suiviez ils suivaient	je suivis tu suivis il suivit n. suivîmes v. suivîtes ils suivirent	je suivrai tu suivras il suivra n. suivrons v. suivrez ils suivront
㊺ **vaincre** vainquant vaincu	je vaincs tu vaincs il vainc n. vainquons v. vainquez ils vainquent	je vainquais tu vainquais il vainquait n. vainquions v. vainquiez ils vainquaient	je vainquis tu vainquis il vainquit n. vainquîmes v. vainquîtes ils vainquirent	je vaincrai tu vaincras il vaincra n. vaincrons v. vaincrez ils vaincront
㊻ **valoir** valant valu	je vaux tu vaux il vaut n. valons v. valez ils valent	je valais tu valais il valait n. valions v. valiez ils valaient	je valus tu valus il valut n. valûmes v. valûtes ils valurent	je vaudrai tu vaudras il vaudra n. vaudrons v. vaudrez ils vaudront
㊼ **venir** venant venu	je viens tu viens il vient n. venons v. venez ils viennent	je venais tu venais il venait n. venions v. veniez ils venaient	je vins tu vins il vint n. vînmes v. vîntes ils vinrent	je viendrai tu viendras il viendra n. viendrons v. viendrez ils viendront
㊽ **vivre** vivant vécu	je vis tu vis il vit n. vivons v. vivez ils vivent	je vivais tu vivais il vivait n. vivions v. viviez ils vivaient	je vécus tu vécus il vécut n. vécûmes v. vécûtes ils vécurent	je vivrai tu vivras il vivra n. vivrons v. vivrez ils vivront
㊾ **voir** voyant vu	je vois tu vois il voit n. voyons v. voyez ils voient	je voyais tu voyais il voyait n. voyions v. voyiez ils voyaient	je vis tu vis il vit n. vîmes v. vîtes ils virent	je verrai tu verras il verra n. verrons v. verrez ils verront
㊿ **vouloir** voulant voulu	je veux tu veux il veut n. voulons v. voulez ils veulent	je voulais tu voulais il voulait n. voulions v. vouliez ils voulaient	je voulus tu voulus il voulut n. voulûmes v. voulûtes ils voulurent	je voudrai tu voudras il voudra n. voudrons v. voudrez ils voudront

条件法	接続法		命令法	同型
現在	現在	半過去		
je suffirais tu suffirais il suffirait n. suffirions v. suffiriez ils suffiraient	je suffise tu suffises il suffise n. suffisions v. suffisiez ils suffisent	je suffisse tu suffisses il suffît n. suffissions v. suffissiez ils suffissent	suffis suffisons suffisez	注 過去分詞 suffi は不変
je suivrais tu suivrais il suivrait n. suivrions v. suivriez ils suivraient	je suive tu suives il suive n. suivions v. suiviez ils suivent	je suivisse tu suivisses il suivît n. suivissions v. suivissiez ils suivissent	suis suivons suivez	poursuivre
je vaincrais tu vaincrais il vaincrait n. vaincrions v. vaincriez ils vaincraient	je vainque tu vainques il vainque n. vainquions v. vainquiez ils vainquent	je vainquisse tu vainquisses il vainquît n. vainquissions v. vainquissiez ils vainquissent	vaincs vainquons vainquez	convaincre
je vaudrais tu vaudrais il vaudrait n. vaudrions v. vaudriez ils vaudraient	je vaille tu vailles il vaille n. valions v. valiez ils vaillent	je valusse tu valusses il valût n. valussions v. valussiez ils valussent		
je viendrais tu viendrais il viendrait n. viendrions v. viendriez ils viendraient	je vienne tu viennes il vienne n. venions v. veniez ils viennent	je vinsse tu vinsses il vînt n. vinssions v. vinssiez ils vinssent	viens venons venez	appartenir devenir obtenir revenir (se) souvenir tenir
je vivrais tu vivrais il vivrait n. vivrions v. vivriez ils vivraient	je vive tu vives il vive n. vivions v. viviez ils vivent	je vécusse tu vécusses il vécût n. vécussions v. vécussiez ils vécussent	vis vivons vivez	survivre
je verrais tu verrais il verrait n. verrions v. verriez ils verraient	je voie tu voies il voie n. voyions v. voyiez ils voient	je visse tu visses il vît n. vissions v. vissiez ils vissent	vois voyons voyez	entrevoir revoir
je voudrais tu voudrais il voudrait n. voudrions v. voudriez ils voudraient	je veuille tu veuilles il veuille n. voulions v. vouliez ils veuillent	je voulusse tu voulusses il voulût n. voulussions v. voulussiez ils voulussent	veuille veuillons veuillez	

◆ 動詞変化に関する注意

不 定 法
-er
-ir
-re
-oir

現在分詞
-ant

	直説法現在		直・半過去	直・単純未来	条・現在
je	**-e**	**-s**	**-ais**	**-rai**	**-rais**
tu	**-es**	**-s**	**-ais**	**-ras**	**-rais**
il	**-e**	**-t**	**-ait**	**-ra**	**-rait**
nous	**-ons**		**-ions**	**-rons**	**-rions**
vous	**-ez**		**-iez**	**-rez**	**-riez**
ils	**-ent**		**-aient**	**-ront**	**-raient**

	直・単純過去			接・現在	接・半過去	命 令 法	
je	**-ai**	**-is**	**-us**	**-e**	**-sse**		
tu	**-as**	**-is**	**-us**	**-es**	**-sses**	**-e**	**-s**
il	**-a**	**-it**	**-ut**	**-e**	**⌃t**		
nous	**-âmes**	**-îmes**	**-ûmes**	**-ions**	**-ssions**	**-ons**	
vous	**-âtes**	**-îtes**	**-ûtes**	**-iez**	**-ssiez**	**-ez**	
ils	**-èrent**	**-irent**	**-urent**	**-ent**	**-ssent**		

〔複合時制〕

直　　説　　法	条　　件　　法
複合過去（助動詞の直・現在＋過去分詞）	過　去（助動詞の条・現在＋過去分詞）
大 過 去（助動詞の直・半過去＋過去分詞）	接　　続　　法
前 過 去（助動詞の直・単純過去＋過去分詞）	過　去（助動詞の接・現在＋過去分詞）
前 未 来（助動詞の直・単純未来＋過去分詞）	大過去（助動詞の接・半過去＋過去分詞）

* **現在分詞**は，通常，直説法・現在1人称複数の語尾 -ons を -ant に変えて作ることができる．(nous connaissons → connaissant)
* **直説法・半過去**の1人称単数は，通常，直説法・現在1人称複数の語尾 -ons を -ais に変えて作ることができる．(nous buvons → je buvais)
* **直説法・単純未来**と**条件法・現在**は，通常，不定法から作ることができる．
  (単純未来：aimer → j'aimerai　　finir → je finirai　　écrire → j'écrirai)
  　　ただし，-oir 型動詞の語幹は不規則．(pouvoir → je pourrai　　savoir → je saurai)
* **接続法・現在**の1人称単数は，通常，直説法・現在3人称複数の語尾 -ent を -e に変えて作ることができる．(ils finissent → je finisse)
* **命令法**は，直説法・現在の2人称単数，1人称複数，2人称複数から，それぞれの主語 tu, nous, vous を取って作ることができる．(ただし，tu -es → -e　　tu vas → va)
  　　avoir, être, savoir, vouloir の命令法は接続法・現在から作る．